101 conselhos para MILITARES

Devocionais no livro de Provérbios

Pão Diário
SEGURANÇA PÚBLICA

101 conselhos para MILITARES

Devocionais no livro de Provérbios

HEBER GONÇALVES CUNHA

JONATHAS DE LIMA

101 Conselhos para militares
Devocionais no livro de Provérbios
por Heber Gonçalves Cunha e Jonathas de Lima
© Publicações Pão Diário, 2021
Todos os direitos reservados.

Coordenação editorial: Adolfo A. Hickmann
Revisão: Dayse Fontoura
Projeto gráfico: Denise Duck Makhoul
Diagramação e capa: Audrey Novac Ribeiro

Dados Internacionais de Catalogação na Publicação (CIP)

Gonçalves Cunha, Heber; Lima, Jonathas de
101 Conselhos para militares, Curitiba/PR, Ministérios Pão Diário, 2021.

1. Evangelismo 2. Vida cristã 3. Conselhos 4. Provérbios

Proibida a reprodução total ou parcial, sem prévia autorização, por escrito, da editora. Todos os direitos reservados e protegidos pela Lei 9.610, de 19/02/1998. Pedidos de permissão devem ser direcionados a: permissao@paodiario.org

Exceto quando indicado no texto, os trechos bíblicos mencionados são da edição Nova Versão Internacional (NVI) © 2011 Sociedade Bíblica Internacional.

Publicações Pão Diário
Caixa Postal 9740
82620-981 Curitiba/ PR, Brasil
publicacoes@paodiario.org
www.publicacoespaodiario.com.br
Telefone: (41) 3257-4028

Código: D9350
ISBN: 978-65-5350-051-8

2ª impressão: 2024

Impresso na China

CONTEÚDO

Prefácios 7
Introdução 11
101 conselhos..13
Sobre os autores..115

Prefácios

1

A ideia por trás deste livro nasceu numa matéria de mestrado que lecionei sobre "Escrever para Publicar". Desde o momento em que ouvi do sonho dos autores em escrever um livro devocional para militares, vibrei. Eu sabia que meus alunos, Pr. Jonathas de Lima e Pr. Heber Gonçalves Cunha, eram militares além de serem pastores. E eu sabia que tinham grande paixão para ajudar outros militares nos tremendos desafios que enfrentam todos os dias.

Agora, o sonho se tornou uma realidade. Você segura em suas mãos um livro escrito DE militares PARA militares. Um livro que o levará mais perto de Deus. Que compartilhará princípios da sabedoria divina que podem transformar sua vida. Mas acima de tudo, um livro que apontará a Pessoa de Cristo Jesus como Salvador suficiente para aqueles que seguem a vocação militar.

A leitura destes devocionais simples, mas profundos, todos extraídos da Palavra de Deus, pode transformar sua vida. Que Deus abençoe sua leitura, assim como eu fui abençoado quando os li pela primeira vez.

Dr. David J. Merkh
Professor, Seminário Bíblico Palavra da Vida

2

Os profissionais das forças de segurança (militares, policiais, guardas e agentes) enfrentam diariamente os piores dramas da sociedade. Eles servem, protegem e cuidam da população. São situações e desafios que muitas vezes acabam comprometendo a integridade física e mental desses abnegados homens e mulheres, afetando inclusive os seus familiares.

A vida desses profissionais pressupõe riscos, exige compromisso com a pátria, coragem, perseverança e muita sabedoria nas tomadas de decisões e relacionamentos.

E quando o assunto é sabedoria, o livro de Provérbios da Bíblia, escrito por Salomão, é uma referência em conselhos práticos de vida. Aprender com os erros e acertos do homem mais sábio que já existiu é um privilégio e uma rica oportunidade.

Assim, num ambiente onde há tanta escassez de material personalizado, os autores desta obra, Pr. Jonathas de Lima e Pr. Heber Cunha, homens de Deus de grande valor, conhecedores da realidade da segurança pública, foram muito felizes em traduzir 101 conselhos do livro de Provérbios numa linguagem clara, direta e contextualizada aos profissionais das forças de segurança do Brasil.

Eu recomendo a leitura e a meditação desta magnífica obra.

Com certeza, é um rico alimento que vai fortalecer sua fé, blindar o seu coração dos enganos e ataques do mal e iluminar o seu caminho para as melhores decisões do dia-a-dia.

A mais importante delas: a decisão de entregar a sua vida a Cristo, como Seu Senhor e Salvador.

"O temor do Senhor é o princípio do saber, mas os loucos desprezam a sabedoria e o ensino." (PROVÉRBIOS 1:7)

Boa leitura!

Coronel PM Alexandre Marcondes Terra
Vice-presidente dos PMs de Cristo – SP

3

É um grande privilégio poder recomendar esta obra. Creio que será de grande utilidade para todos os profissionais das forças de segurança. *101 conselhos para militares* tem propósito de oferecer instruções sólidas, biblicamente embasadas, a fim de que esses profissionais conduzam suas vidas e ações, com base em orientações seguras, dadas pelo próprio Deus.

Os devocionais contidos neste livro oferecem a vontade desejada de Deus para todos aqueles que o buscam e almejam agradá-lo em todos os Seus caminhos. Além de oferecer instruções diárias acerca da vontade de Deus para Seus filhos, são devocionais que confortam e consolam o coração dos profissionais das forças de segurança.

O pastor Heber Gonçalves Cunha e o pastor Jonathas de Lima — que também são militares e conhecem as lutas, as necessidades e aflições do coração dos militares — escreveram a quatro mãos este livro para que você seja edificado e abençoado com a sua leitura e meditação, tornando-se assim uma pessoa e um profissional mais parecido com o nosso Senhor Jesus Cristo.

Pastor Jayro M. Cáceres
Igreja Batista Pedras Vivas, Coordenador
Ministério NUTRA (Treinamento e Editora)

Introdução

O militar é um cidadão distinto, sujeito a leis específicas e treinamentos rigorosos para enfrentar situações de risco. Ele é guiado pelo altruísmo e está sempre buscando o bem alheio, mesmo com o sacrifício da própria vida. Exige-se do militar uma conduta ilibada, exemplar e de moral elevado, dentro e fora do horário de serviço. Mas pouco se faz para treinar seu caráter, sua integridade e sua ética. Precisamos mudar essa realidade.

Não podemos ignorar o fato de que o homem está distante de Deus. O pecado de nossos pais Adão e Eva tornou-se uma herança maldita que corrompe nossa comunhão com o Criador. A humanidade caminha de mal a pior, enganando e sendo enganada. A condenação eterna é certa para todo o pecador. A única esperança está no Senhor Jesus Cristo, "porque Deus tanto amou o mundo, que deu o seu Filho Unigênito, para que todo o que nele crer não pereça, mas tenha a vida eterna." (JOÃO 3:16).

O vazio que você sente e não sabe explicar vem de uma vida separada de Deus. Portanto, saiba que a grande saída da qual estamos falando é pessoal, é entre você e Deus. Creia que Ele está atraindo-o agora. Reconheça que você é um pecador, arrependa-se e confie na morte de Cristo para sua salvação. Somente através da fé em Jesus Cristo você terá o relacionamento restaurado com o Criador e uma nova vida de paz, alegria e esperança eterna.

Este livro foi escrito com dois propósitos claros: mostrar ao leitor que a sua vida pode ser transformada pelo poder do evangelho, e oferecer um material que o auxilie na comunhão com Deus, por meio da prática de devocionais diários extraídos do Livro de Provérbios. "Eles o ajudarão a experimentar a sabedoria e a disciplina; a compreender as palavras que dão entendimento; a viver com disciplina e sensatez, fazendo o que é justo, direito e correto; ajudarão a dar prudência aos inexperientes e conhecimento e bom senso aos jovens. Se o sábio lhes der ouvidos, aumentará seu conhecimento, e quem tem discernimento obterá orientação para compreender provérbios e parábolas, ditados e enigmas dos sábios. O temor do Senhor é o princípio do conhecimento, mas os insensatos desprezam a sabedoria e a disciplina." (PROVÉRBIOS 1:1-7)

Desejamos que o Senhor guie o seu coração no caminho da sabedoria. Que a leitura destes conselhos traga edificação pessoal, sensatez e equilíbrio a você, querido leitor. Que sua vida seja transformada, santificada e grandemente abençoada por Jesus Cristo, o Senhor dos Exércitos, nosso amado Salvador e Rei! Seus irmãos de farda, Heber e Jonathas.

1

APRENDA A TEMER A DEUS

O temor do SENHOR é o princípio do conhecimento, mas os insensatos desprezam a sabedoria e a disciplina. **(PROVÉRBIOS 1:7)**

Considere a realidade de que um dia você estará diante de Deus para prestar contas de toda sua vida, onde nada ficará de fora: ações, omissões, palavras e pensamentos. *Deus trará a julgamento tudo o que foi feito, inclusive tudo o que está escondido, seja bom, seja mau* (ECLESIASTES 12:14). Essa consciência deve nos levar a uma vida de sabedoria, de comunhão com Deus e obediência à Sua vontade. O temor do Senhor é o princípio que afasta os nossos pés do mal e prolonga nossos dias sobre a terra. Os insensatos desprezam este princípio e levam uma vida frívola, vazia e sem sentido. Mas quem teme a Deus tem segurança, alegria e felicidade. Abrace este princípio, coloque sua fé somente em Jesus e faça sua vida valer a pena.

> **ORAÇÃO:** Deus, ensina-me o temor do Senhor! Então, andarei no caminho da sabedoria e gozarei da Tua bondade para sempre!

2

CUIDADO PARA NÃO CAIR EM TENTAÇÃO

*Meu filho, se os maus tentarem seduzi-lo,
não ceda!* **(PROVÉRBIOS 1:10)**

O bom pai sempre instrui seu filho para que ele faça o que é justo, direito e correto. Quando o rei Salomão alerta seus filho para o perigo da sedução, está nos prevenindo das diversas situações em que homens maus tentarão nos enganar: oferta de suborno, trapaças, vantagens ilícitas são alguns exemplos. Por mais que pareça vantajoso, não vale a pena ceder a estes apelos. Como lidar com a consciência? E com a vergonha, se for pego? Como olhar nos olhos dos familiares, dos colegas de serviço e dos amigos? O alerta é: não aceite, não ceda! Tome sempre posição ao lado da justiça, da honestidade e da retidão. Muito cuidado para não cair em tentação!

> **ORAÇÃO:** Senhor, seja feita a Tua vontade.
> Não me deixes cair em tentação,
> mas livra-me do mal!

3

PROCURE A SABEDORIA

Se procurar a sabedoria como se procura a prata e buscá-la como quem busca um tesouro escondido, então você entenderá o que é temer o Senhor e achará o conhecimento de Deus. **(PROVÉRBIOS 2:4-5)**

A sabedoria é mais valiosa do que pedras preciosas. Deixemos seu valor nos atrair e a procuremos com todo esforço, pois quem a encontrar será bem recompensado. Para encontrar a prata é necessário cavar fundo em terrenos rochosos. E quem procura um tesouro escondido o faz com diligência e perseverança. Assim deve ser procurada a sabedoria; quem a encontrar, encontrará a vida e o conhecimento de Deus. Ele é a fonte da verdadeira sabedoria. Sua Palavra é o mapa do tesouro e Jesus Cristo é o caminho para encontrá-lo. Não perca mais tempo! Busque a Deus de todo o seu coração e você encontrará as riquezas eternas.

ORAÇÃO: Deus, dá-me sabedoria para viver cada momento da minha vida com o Senhor!

4

ANDE NO CAMINHO DOS HOMENS DE BEM

A sabedoria o fará andar nos caminhos dos homens de bem e a manter-se nas veredas dos justos.
(PROVÉRBIOS 2:20)

Homens de bem andam por caminhos retos e não se desviam para o mal. Também são chamados de sábios, pois temem a Deus e vivem com integridade. Enquanto os homens maus estão sob a ira de Deus, os homens de bem são protegidos pelo Senhor. Dentre as muitas bênçãos reservadas para esses homens, o capítulo 2 de Provérbios destaca: sabedoria, bom senso e discernimento; proteção contra os maus e perversos e livramento da mulher imoral. Os homens de bem têm a promessa de uma vida longa e abençoada, mas os ímpios serão eliminados da terra. Jesus Cristo viveu neste mundo como o maior dentre todos os homens de bem. Ele veio buscar e salvar os perdidos. Por meio desta fé somos salvos e podemos seguir pelas veredas dos justos.

ORAÇÃO: Senhor Jesus, ajuda-me a seguir os seus passos fazendo sempre o bem!

5

NÃO SE ESQUEÇA DA LEI DE DEUS

Meu filho, não se esqueça da minha lei, mas guarde no coração os meus mandamentos, pois eles prolongarão a sua vida por muitos anos e lhe darão prosperidade e paz. **(PROVÉRBIOS 3:1,2)**

A carreira militar é desejada por muitos. Ela apresenta muitos atrativos: perspectivas de um bom salário, estabilidade, promoções e realização profissional. Mas o sucesso no militarismo exige a rigorosa observância das leis e obediência pronta às ordens superiores. Deus também oferece grandes vantagens para aqueles que se arregimentarem no seu "exército". Mesmo enfrentando grandes perigos, seus servos têm a probabilidade de uma vida longa e tranquila na terra, além da certeza das bênçãos celestiais. Quem guarda os mandamentos do Senhor prospera em tudo o que faz. Quem observa a sua Lei está sem em paz. Para alcançarmos essas bênçãos graciosas precisamos colocar nossa fé em Jesus, temer a Deus e obedecer a sua Palavra.

ORAÇÃO: Senhor, abre os olhos do meu entendimento para que eu veja as maravilhas da Tua Lei! Que minha vida seja marcada pela obediência à Tua Palavra!

6

VALORIZE O AMOR E A FIDELIDADE

Que o amor e a fidelidade jamais o abandonem; prenda-os ao redor do seu pescoço, escreva-os na tábua do seu coração. Então você terá o favor de Deus e dos homens, e boa reputação.
(PROVÉRBIOS 3:3,4)

O amor e a fidelidade são valores esquecidos em nossos dias, onde o ódio e a corrupção reinam. Certamente a vida seria melhor se pudéssemos contar sempre com o amor e a fidelidade alheia. Embora isso não seja possível, podemos escolher essas virtudes como marcas que nos distinguem da maioria. Podemos valorizá-las, guardá-las no coração, como um tesouro precioso. Assim, em tudo que fizermos o amor e a fidelidade estarão presentes. Como resultado receberemos o favor de Deus e dos homens, além de uma boa reputação. Uma escolha dessas só é possível na dependência de Cristo, onde estão escondidos todos os tesouros da sabedoria e do conhecimento. (COLOSSENSES 2:3)

> **ORAÇÃO:** Senhor meu Deus, que o amor e a fidelidade jamais me abandonem!

7
CONFIE NO SENHOR

Confie no Senhor de todo o seu coração e não se apoie em seu próprio entendimento. **(PROVÉRBIOS 3:5)**

Você confiaria em uma pessoa que é capaz de fazer mal a si mesma e aos outros? Certamente que não. Às vezes, não percebemos o quão tolo somos ao confiar em nós mesmos. Somos imperfeitos, limitados, emotivos e fracos, ainda assim, muitos insistem em confiar na sua própria capacidade. Desculpe-me a franqueza, mas não podemos confiar na autoajuda. Mesmo com a autoestima elevada, com saúde, dinheiro e poder, o homem pode falhar. Eis uma boa razão para colocarmos nossa confiança somente no Senhor: Deus não falha! Ele é fiel, justo e bondoso. Seus atributos são magníficos, perfeitos e ilimitados. O Todo Poderoso é digno de total confiança. Acredite! Prove e veja o quanto o Senhor é bom!

ORAÇÃO: Meu Deus, eu confio em Ti.
Abençoe-me em mais um dia de serviço!

8

CUIDE DA SUA SAÚDE

*Não seja sábio aos seus próprios olhos; tema o
Senhor e evite o mal. Isso lhe dará saúde ao corpo e
vigor aos ossos.* **(PROVÉRBIOS 3:7,8)**

Um militar na ativa precisa gozar de boa saúde. Por isso temos a preocupação com a prática regular de exercícios, a boa alimentação e a qualidade de vida. Segundo a Organização Mundial de Saúde, a saúde de um indivíduo consiste em um estado de completo bem-estar físico, mental e social. Por mais que o corpo esteja saudável, crises de relacionamentos e desequilíbrios emocionais podem adoecer a alma. Precisamos de corpo são e mente sã. Cuidar do físico e também do espiritual. Não podemos confiar na fragilidade do nosso corpo, nem mesmo achar que temos capacidade para cuidar da alma sem a ajuda de Deus. Aqueles que se exercitam na busca pelo Senhor, evitam o mal e, consequentemente, aumentam a chance de gozar uma boa saúde.

ORAÇÃO: Deus, eu não sou nada sem Ti!
Cuide da minha vida e abençoe a minha
saúde física e espiritual!

9
NÃO DESPREZE A DISCIPLINA

Meu filho, não despreze a disciplina do Senhor nem se magoe com a sua repreensão, pois o Senhor disciplina a quem ama, assim como o pai faz ao filho de quem deseja o bem. **(PROVÉRBIOS 3:11,12)**

Alguns militares não gostam nem de ouvir falar em disciplina. Para estes, esta palavra traz lembranças ruins, constrangimento e revolta. No entanto, Deus nos aconselha a não desprezá-la, mas aceitá-la como um sinal de amor. A princípio, a disciplina pode causar tristeza, mas no futuro trará frutos de paz. Portanto, não se magoe se um dia você for disciplinado, ainda que numa situação desnecessária aos seus olhos. Lembre-se de que um pequeno desvio poderá levá-lo a grandes problemas. Assim, aquele que recebe uma disciplina deve corrigir suas atitudes. Em pouco tempo ele prosperará em seu caminho. Mesmo contrariando a opinião de alguns, a disciplina é uma grande aliada do bem.

ORAÇÃO: Senhor, obrigado por estar debaixo de um regulamento de disciplina militar. Ajude-me a valorizar a disciplina e a gozar dos seus benefícios!

10

TENHA SENSATEZ E EQUILÍBRIO

Meu filho, guarde consigo a sensatez e o equilíbrio, nunca os perca de vista; trarão vida a você e serão um enfeite para o seu pescoço. **(PROVÉRBIOS 3:21,22)**

O rei Salomão orienta seu filho a guardar a sensatez e o equilíbrio bem perto de si. Dessa forma, mesmo em momentos difíceis, essas virtudes seriam visíveis a todos: como *um enfeite para o pescoço*. A sensatez e o equilíbrio podem fazer toda a diferença em nosso dia a dia, sobretudo em situações adversas. Com elas podemos contornar as dificuldades e preservar vidas. Ao enfrentar as desordens sociais, devemos agir com sensatez e equilíbrio. Mesmo se for necessário o uso da força, não podemos ser marcados por excessos indevidos. O êxito em nossas missões resultará em elogios individuais e exaltará as nossas instituições. O segredo para agirmos assim consiste na plena confiança que Deus está no controle de tudo.

ORAÇÃO: Deus, ajuda-me a ser mais sensato e equilibrado, mesmo nas horas difíceis!

11
NÃO DEIXE DE FAZER O BEM

Quando lhe for possível, não deixe de fazer o bem a quem dele precisa. Não diga ao seu próximo: "Volte amanhã, e eu lhe darei algo", se pode ajudá-lo hoje. **(PROVÉRBIOS 3:27,28)**

Em qualquer lugar do mundo, encontramos pessoas precisando de ajuda. Carências físicas, afetivas e emocionais são comuns em nossos dias. Quem abraça a vida militar não pode deixar de fazer o bem, seja na folga ou no serviço, em missões internas ou externas. Quando solicitado, estejamos sempre prontos a servir. Afinal, quem precisa de ajuda confia muito quando vê um militar ao seu lado. Dizer a estes: *Volte amanhã, e eu lhe darei algo*, quando temos condições de ajudar hoje, não condiz com a nossa função.

> **ORAÇÃO:** Meu Deus, dá-me sensibilidade
> para identificar necessidades e prontidão para
> sempre fazer o bem a quem necessitar.
> Livra-me do pecado da indiferença!

12

DIGA NÃO À VIOLÊNCIA

Não tenha inveja de quem é violento nem adote nenhum dos seus procedimentos, pois o Senhor detesta o perverso, mas o justo é seu grande amigo. **(PROVÉRBIOS 3:31,32)**

A inveja é um sentimento pecaminoso, reprovado por Deus e mal visto pela sociedade, seja qual for o objeto do desejo. É muito difícil acreditar que exista alguém que olhe para um homem cruel e perverso e sinta-se atraído por suas atitudes, mas infelizmente existe. Um militar violento atrai a violência para si e para os que estão com ele, por isso é rejeitado até por seus próprios colegas. Esse tipo de pessoa não deve ser invejado, mas rejeitado. O violento sofrerá as consequências de seus atos perversos, pois Deus condena a violência. Em contrapartida, o Senhor é um grande Amigo daquele que é manso, pacífico e justo.

ORAÇÃO: Senhor, livra-me dos homens maus e violentos e não permita que os seus procedimentos me influenciem!

13

APEGUE-SE À INSTRUÇÃO

Apegue-se à instrução, não a abandone; guarde-a bem, pois dela depende a sua vida. **(PROVÉRBIOS 4:13)**

A instrução militar continuada é fundamental para a excelência do serviço e a proteção da vida. Na garantia da segurança e da paz, no socorro às vítimas ou na restauração da normalidade, sem a devida instrução colocaremos em risco vidas e bens. Não devemos julgar a instrução como algo de menor valor. Também não é sábio desprezar o valor da instrução espiritual. Dela depende não somente o bem estar do corpo, mas também o da alma. Portanto, busque conhecer mais a Deus. Leia a Bíblia e separe um tempo diário para a oração. Não negligencie o treinamento do seu espírito. Cresçam, porém, na graça e no conhecimento de nosso Senhor e Salvador Jesus Cristo. (2PEDRO 3:18)

ORAÇÃO: Senhor, ajuda-me a ter mais zelo e compromisso com a instrução militar e a não desprezar a instrução espiritual!

14

ANDE SEMPRE NA LUZ

A vereda do justo é como a luz da alvorada, que brilha cada vez mais até a plena claridade do dia. Mas o caminho dos ímpios é como densas trevas; nem sequer sabem em que tropeçam.
(PROVÉRBIOS 4:18,19)

O contraste entre a luz e as trevas ilustra bem o caminho dos justos e dos ímpios. Enquanto o justo anda seguro na luz, o ímpio tropeça na escuridão. Ambos os caminhos levam a lugares cada vez mais longe. O justo será cada vez mais justo, íntegro e reto; sua vida será abençoada, feliz e próspera. O ímpio também aumentará em sua maldade, seus hábitos serão cada vez mais perversos e sua vida afundará nas trevas. Mas, graças a Deus, existe uma esperança para quem está nas trevas: Jesus Cristo é a luz do mundo (JOÃO 8:12). Quem anda na Sua presença vai brilhando cada vez mais e nunca mais andará em trevas.

ORAÇÃO: Senhor, ilumina o meu caminho com a luz da Tua presença!

15

EVITE AS PALAVRAS PERVERSAS

Afaste da sua boca as palavras perversas;
fique longe dos seus lábios a maldade.
(PROVÉRBIOS 4:24)

As nossas palavras podem produzir vida ou morte, podem nos salvar ou nos condenar. De vez em quando os noticiários mostram pessoas públicas sendo surpreendidas e condenadas por suas próprias palavras. Pense bem: o que aconteceria se todas as nossas conversas fossem gravadas? Certamente evitaríamos muitas palavras maldosas. No exercício de nossas funções estaremos sempre sujeitos a uma câmera escondida, a qualquer momento podemos ser surpreendidos. Precisamos pensar bem antes de falar ou agir. Nossa postura deve ser sempre de seriedade, sabedoria e profissionalismo. Todos nós necessitamos de um coração transformado por Cristo para falar coisas boas, pois a boca fala do que está cheio o coração.

ORAÇÃO: Deus, transforme o meu coração
para que dele procedam somente
palavras boas e abençoadoras!

16

SEJA FIEL AO SEU CONJUGÊ

*Seja bendita a sua fonte! Alegre-se com a esposa
da sua juventude. Gazela amorosa, corça graciosa;
que os seios de sua esposa sempre o fartem de
prazer, e sempre o embriaguem os carinhos dela.*
(PROVÉRBIOS 5:18,19)

Depois de constatar que não era bom que o homem estivesse só, Deus criou a mulher e uniu o casal numa aliança que só deve terminar com a morte (GÊNESIS 2:18; 21-24; MARCOS 10:7-9). Infelizmente, o casamento tem sido desprezado em nossos dias: cresce o número de divórcios e a infidelidade alastra-se como um câncer. O adultério tem destruído muitas famílias. Não precisamos entrar nessa canoa furada, pois há uma fonte de alegria inesgotável na fidelidade conjugal. Marido e mulher podem se fartar de prazer vivendo o ideal divino para o sexo. Então, por que ser atraído pela imoralidade? Por que destruir a sua própria vida e ferir àqueles a quem deveria proteger?

> **ORAÇÃO:** Senhor, obrigado por meu casamento.
> Ajuda-me a ser fiel ao meu cônjuge!

17

FIQUE ATENTO PARA NÃO PERDER O RUMO

Por que, meu filho, ser desencaminhado pela mulher imoral? Por que abraçar o seio de uma leviana? O Senhor vê os caminhos do homem e examina todos os seus passos. **(PROVÉRBIOS 5:20,21)**

O capítulo 5 de Provérbios faz uma séria advertência contra o adultério. Embora direcionado aos homens, também podemos aplicá-lo às mulheres, pois ambos estão sujeitos a se desviarem para a imoralidade. Deus instituiu o casamento para que vivamos o prazer da intimidade sexual, abençoados por Ele. Há mulheres que não podem ver uma farda, pois logo são atraídas por maus desejos. Elas são insensatas, inconsequentes e sempre prontas a seduzir os inexperientes. O militar precisa estar alerta para não perder o rumo. O melhor é seguir pelo bom caminho da sabedoria, da retidão e da justiça. Pois, o Senhor vê o caminho do homem e examina todos os seus passos. Por que ser desencaminhado pela mulher imoral?

> **ORAÇÃO:** Deus, livra-me da sensualidade, do adultério e da sedução do mal. Não deixe que a imoralidade destrua minha vida, o meu casamento e a minha reputação!

18

ABANDONE A PREGUIÇA

Observe a formiga, preguiçoso, reflita nos caminhos dela e seja sábio! **(PROVÉRBIOS 6:6)**

A preguiça é um mal terrível. Ela pode ser comparada ao assaltante armado que surpreende sua vítima deixando-a pobre e desamparada. O preguiçoso gosta de ficar à toa, de preferência deitado. Usa o tempo em que devia trabalhar para tirar uma soneca, cochilar um pouco, ou simplesmente cruzar os braços. Nenhum militar deve ser preguiçoso, pois tem chefe, supervisor e governante; a formiga, que não os tem, dedica-se ao seu trabalho. É Deus quem adverte: "Até quando você vai ficar deitado, preguiçoso?" **(PROVÉRBIOS 6:9A)**. Aprenda com a formiga uma grande lição: no serviço tenha sempre zelo, diligência e dedicação. Não podemos relaxar em nosso trabalho. Abandone a preguiça!

> **ORAÇÃO:** Deus, que minha vida seja um bom exemplo de esforço e dedicação ao serviço! Dá-me habilidade e forças para exercer as minhas funções!

19

NÃO PROVOQUE A IRA DE DEUS

Há seis coisas que o Senhor odeia, sete coisas que ele detesta: olhos altivos, língua mentirosa, mãos que derramam sangue inocente, coração que traça planos perversos, pés que se apressam para fazer o mal, a testemunha falsa que espalha mentiras e aquele que provoca discórdia entre irmãos. **(PROVÉRBIOS 6:16-19)**

Esteja certo de uma coisa: não é nada bom provocar a ira de Deus. No texto bíblico encontramos uma lista de coisas que Deus detesta. Algumas delas as leis condenam, mas outras são consideradas comuns pela maioria: olhos altivos, soberbos e gananciosos; mentes perversas e traiçoeiras; pés que correm para fazer o mal; línguas que espalham mentiras e provocam discórdia entre amigos. Quem está livre de tudo isso? Sem Jesus, estaríamos perdidos. Só Ele pode perdoar todos os nossos pecados e nos livrar da Ira de Deus. Em Cristo recebemos um novo coração, capaz de fazer a vontade de Deus e receber o seu favor.

> **ORAÇÃO:** Senhor Jesus, perdoe os meus pecados e ajuda-me a fazer sempre o que Te agrada!

20

FUJA DAS ARMADILHAS DO DESEJO

Diga à sabedoria: "você é minha irmã", e chame ao entendimento seu parente; eles o manterão afastado da mulher imoral, da mulher leviana com suas palavras sedutoras. **(PROVÉRBIOS 7:4,5)**

A rigidez do serviço, os dias e noites longe da família, as más companhias e a sensualidade exacerbada dos nossos dias, são fatores que expõem o militar às armadilhas do desejo. O insensato é como o pássaro que salta para dentro do alçapão. Ele não percebe que a sensualidade lhe custará à vida. A mulher imoral lhe diz: venha, vamos embriagar-nos de carícias até o amanhecer; gozemos as delícias do amor! (PROVÉRBIOS 7:18). Quem a segue não considera que muitas foram as suas vítimas; os que matou são uma grande multidão (PROVÉRBIOS 7:26). Fuja dela! Como disse o escritor Mark Twain: "a melhor maneira de vencermos a tentação é pela covardia". Não seja tolo, fuja enquanto há tempo!

ORAÇÃO: Senhor, livra-me da sensualidade e da imoralidade que estão por toda parte! Ajuda-me a viver com sabedoria, entendimento e santidade!

21

OUÇA A VOZ DE DEUS

A sabedoria está clamando, o discernimento ergue a sua voz. **(PROVÉRBIOS 8:1)**

Com vistas à formação de homens de caráter, íntegros e sábios, capazes de liderar uma grande nação e fazê-la prosperar, o livro de Provérbios apresenta a diferença entre a sabedoria e a insensatez. Alguns benefícios são apontados para nos motivar na busca pela sabedoria: vida longa, feliz, próspera, honrada, cheia de segurança e paz. É certo que a bondade e a misericórdia perseguem todos os que andam com Deus. Por outro lado, as amargas consequências de um estilo de vida ímpia nos advertem contra a insensatez: dores, sofrimentos, inimizades, insegurança, quedas constantes e repentina destruição estão à sua frente. Você vai aceitar o convite da sabedoria ou da insensatez? É tempo de rever nossos conceitos e ficar com aquilo que é bom. Tome uma atitude sábia: ouça a voz de Deus!

ORAÇÃO: Senhor Jesus, leve a uma vida de sabedoria e afaste os meus pés do caminho da ignorância e da insensatez!

22

ACEITE O CONVITE DA SABEDORIA

"Venham todos os inexperientes!" Aos que não têm bom senso ela diz: "Venham comer a minha comida e beber o vinho que preparei. Deixem a insensatez, e vocês terão vida; andem pelo caminho do entendimento. **(PROVÉRBIOS 9:4-6)**

A sabedoria abriu suas portas e convida todos para um delicioso banquete. Quem o aceitar será fartamente recompensado e encontrará a vida. O caminho para esse banquete tem início com a fome e a sede por Deus, pois o homem que busca o Senhor achará a sabedoria, a vida e a verdadeira felicidade. Enquanto o tolo sofre por ignorar o seu Criador, o sábio aceita o convite da sabedoria, crê no Senhor no Senhor Jesus e recebe salvação eterna. Quem vem a Jesus deixa a insensatez para trás e anda pelo caminho do entendimento, da alegria e da paz.

ORAÇÃO: Senhor Jesus, eu aceito o Teu convite. Quero viver para ti e me alegrar em Tua presença. Hoje e para sempre, amém.

23

INSTRUA O HOMEM SÁBIO

Instrua o homem sábio, e ele será ainda mais sábio; ensine o homem justo, e ele aumentará o seu saber. **(PROVÉRBIOS 9:9)**

A instrução é pertinente a todo militar, seja em cursos específicos, treinamentos diversos ou nas atividades do serviço. Além da instrução propriamente dita, ao longo da carreira, obtemos e compartilhamos experiências que cooperam para a nossa formação. Mesmo assim, existem aqueles que desprezam a instrução e o ensino. Há tolos que zombam dos instrutores e odeiam ser repreendidos. Não vale a pena perder tempo com eles. Na evangelização e no discipulado também é assim. Precisamos identificar aqueles que estão mais interessados e investir no seu treinamento.

ORAÇÃO: Senhor, dá-me mais aptidão e interesse pela instrução militar. Nas questões espirituais, ajuda-me a discernir aqueles que estão abertos para a Tua Palavra!

24

NÃO CEDA AO CONVITE DA INSENSATEZ

Se você for sábio, o benefício será seu; ser for zombador, sofrerá as consequências. **(PROVÉRBIOS 9:12)**

Nesta vida, encontramos muitas propostas para satisfazer desejos ou realizar nossos sonhos: a compra da casa própria, a troca do carro, um relacionamento atraente, uma renda extra ou uma viagem a passeio. Precisamos avaliar essas propostas para não sermos enganados. O conselho apresentado nos adverte contra o perigo da insensatez. A morada da insensatez localiza-se no ponto mais alto da cidade, pois ela quer ser vista, quer se exibir para seduzir os inexperientes. Sua casa é um lugar perigoso, cheio de trevas e armadilhas. Seus convidados não sabem que ali habitam os mortos. Enquanto o convite da sabedoria fundamenta-se na verdade que conduz à vida, o da insensatez é cheio de astúcias, mentiras e enganos que levam à morte.

ORAÇÃO: Senhor, dá-me sabedoria
e discernimento para não aceitar os
apelos da insensatez!

25

NÃO SEJA AMANTE DO DINHEIRO

A insensatez é pura exibição, sedução e ignorância. **(PROVÉRBIOS 9:13)**

O sonho de enriquecer, ter muitos bens e gozar os prazeres da vida tem iludido muitos militares. A insensatez acredita que a felicidade consiste em acumular riquezas. Ela se exibe, ostenta o seu falso brilho e seduz os ignorantes. Ela diz que a água roubada é doce e que o pão que se come escondido é saboroso. Muitos são seduzidos por suas palavras e sacrificam a família, as amizades e o tempo com Deus correndo atrás de ilusões. O dinheiro é necessário para o nosso sustento, mas "o amor ao dinheiro é a raiz de todos os males" (1 TIMÓTEO 6:10). O sábio não coloca seu coração no dinheiro ou nas coisas. Ele se volta para Deus e aprende a valorizar os seus semelhantes. Ele ama as pessoas e faz uso das coisas, não o contrário.

> **ORAÇÃO:** Senhor, livra-me do amor ao dinheiro, do engano das riquezas e da ilusão dos bens! Ajuda-me a gastar o que eu ganho com sabedoria e generosidade!

26

REJEITE OS BENS DE ORIGEM DESONESTA

Os tesouros de origem desonesta não servem para nada, mas a retidão livra da morte. **(PROVÉRBIOS 10:2)**

A busca desenfreada por enriquecimento leva muitos aos caminhos ilícitos. No mundo de hoje, encontramos todos os tipos de crimes, mas os que envolvem a aquisição de bens de origem desonesta têm lotado os presídios. A oferta e a procura por bens desonestos têm corrompido as corporações militares que outrora foram exemplos de retidão. Os meios ilegítimos de enriquecimento são os mais variados e criativos possíveis. Eles oferecem vantagens indevidas, que corrompem a moral e os bons costumes. Mas essas vantagens não possuem valor algum. Como o ouro de tolo, não servem para nada. Não se engane: a conduta ilibada, a retidão e a honestidade podem livrá-lo de grandes males e assegurar a tranquilidade e a paz.

ORAÇÃO: Deus, ajuda-me a rejeitar os bens de origem desonesta, que eu nunca sofra por me desviar da retidão!

27

CULTIVE UM CORAÇÃO SÁBIO

Os sábios de coração aceitam mandamentos, mas a boca do insensato o leva à ruína. **(PROVÉRBIOS 10:8)**

Toda instituição militar está fundamentada na hierarquia e na disciplina, por isso, as ordens superiores devem ser prontamente obedecidas. Nelas, encontramos verdadeiros sábios, homens que se submetem de todo coração, que aceitam os regulamentos e obedecem às ordens superiores. No entanto, também encontramos homens insensatos, que são insubmissos, que espalham boatos tendenciosos, que falam mentiras e censuram atos superiores. Suas palavras e seu mau comportamento os levam à ruína. Todos nós somos tentados a falar o que não devemos, principalmente em momentos de ira. Mas, quando colocamos os mandamentos de Jesus no coração, nossas palavras são transformadas em fonte de vida, sabedoria e paz.

ORAÇÃO: Deus, cria em mim um coração sábio, capaz de seguir a Jesus e obedecer aos Seus mandamentos!

28

ANDE COM INTEGRIDADE

Quem anda com integridade anda com segurança, mas quem segue veredas tortuosas será descoberto. **(PROVÉRBIOS 10:9)**

É cada vez mais raro encontrar pessoas que andam em integridade. O nosso país atravessa uma crise política sem precedentes na história, e nosso povo clama por uma saída. Diariamente escândalos de corrupção são noticiados pela mídia. Um clima de insegurança paira sobre nossas autoridades: quem será o próximo corrupto a ser descoberto? Precisamos urgentemente resgatar a integridade. Essa é uma questão que começa no coração do indivíduo, passa pela família e estende-se por toda sociedade. Cabe a nós militares combater o mal. Devemos dar o bom exemplo e ensinar a população que sem integridade ninguém estará seguro. Que Deus nos ajude nessa missão!

ORAÇÃO: Deus, que a integridade sempre me acompanhe e seja uma bandeira flamulando em nossos quartéis!

29

SEJA UMA BOA INFLUÊNCIA

Quem acolhe a disciplina mostra o caminho da vida, mas quem ignora a repreensão desencaminha outros. **(PROVÉRBIOS 10:17)**

Temos aqui duas atitudes em contraste: acolher ou ignorar. Elas estão diretamente relacionadas à disciplina e à repreensão e são seguidas de consequências. A disciplina acolhida mostra o caminho da vida, e a repreensão rejeitada desencaminha outros. Mesmo sem perceber, exercemos uma forte influência sobre as pessoas que estão à nossa volta. Com base em seu juramento, todo militar tem o dever de assumir uma postura disciplinada, tornando-se um cidadão exemplar. Portanto, aqueles que ignoram a repreensão tornam-se um mau exemplo e acabam desencaminhando outros. Essa influência pode acontecer tanto em casa, como no serviço e na sociedade em geral. Que tipo de influência você tem causado? Positiva ou negativa?

ORAÇÃO: Deus, ajuda-me a exercer uma boa influência onde eu estiver!

30

DELEITE-SE NA SABEDORIA

O tolo encontra prazer na má conduta, mas o homem cheio de entendimento deleita-se na sabedoria. **(PROVÉRBIOS 10:23)**

Existem pessoas que têm uma facilidade incrível de alegrar-se com coisas erradas. Vangloriam-se de atitudes negativas, reprovadas tanto por Deus, como pelos homens. Deleitam-se na má conduta e ainda aprovam os que a praticam. A maldade está presente em tudo o que fazem. Precisamos sempre lembrar que a Bíblia define tais pessoas como tolas. Temos de tomar cuidado, pois só de ouvir as palavras do tolo corremos o risco de imitá-lo. Devemos repudiar a má conduta e também as palavras perversas. O sábio tem o seu prazer na Lei do Senhor. Ele alegra-se na justiça e regozija-se na verdade. Nossa felicidade torna-se completa quando encontramos Jesus: a verdadeira fonte de sabedoria.

ORAÇÃO: Deus, tu és a minha alegria.
Afasta de mim o mal e todos
aqueles que o praticam!

31

NÃO DESPERDICE SUA VIDA

O temor do SENHOR prolonga a vida, mas a vida do ímpio é abreviada. **(PROVÉRBIOS 10:27)**

Quantas vezes fomos surpreendidos com a morte prematura de um colega? Militares que, para muitos, tinham tudo para ser bem-sucedidos na carreira. Homens ágeis e valentes, que, de repente, foram ceifados. Não temos todas as respostas para uma morte prematura, ou mesmo para a longevidade. Porém podemos conhecer dois lados da mesma moeda: o temor do Senhor pode aumentar os nossos dias sobre a Terra, mas a impiedade pode abreviá-los. Quem teme a Deus tem maior probabilidade de uma vida longa, pois o próprio Criador se encarrega de protegê-lo. No entanto o ímpio, aquele que é hostil a Deus, que pratica o mal e rejeita a Cristo, pode ser ceifado bem antes do que imagina. Portanto, tema ao Senhor e não desperdice sua vida!

ORAÇÃO: Deus, livra-me da incredulidade e ajuda-me a temer-te de todo o meu coração!

32

LIVRE-SE DO ORGULHO

Quando vem o orgulho, chega a desgraça, mas a sabedoria está com os humildes. **(PROVÉRBIOS 11:2)**

Muitas vezes somos tentados a "fazer para aparecer". Gostamos de aplausos e elogios. Não que tenha problema em alguém reconhecer nosso trabalho, mas buscar a autopromoção é sempre pernicioso. Por causa do orgulho somos capazes de cometer grandes tolices: ficarmos irados, ofender, negar o perdão, trabalhar mal e até prejudicar o próximo. Precisamos lembrar que quando o homem se orgulha de si mesmo, acaba sendo envergonhado. O oposto do orgulho é a humildade. O humilde é diligente, submisso, obediente e está sempre pronto para fazer o bem. Ele reconhece quando erra e busca a reparação. Ele suporta as fraquezas alheias e perdoa seus ofensores. A recompensa da humildade é a sabedoria e o favor de Deus, pois "Ele zomba dos zombadores, mas concede graça aos humildes" (PROVÉRBIOS 3:34).

ORAÇÃO: Deus, não permitas que o orgulho me domine, mas dá-me um coração manso e humilde, como o Teu!

33

REFREIE A SUA LÍNGUA

O homem que não tem juízo ridiculariza o seu próximo, mas o que tem entendimento refreia a língua. Quem muito fala trai a confidência, mas quem merece confiança guarda o segredo. **(PROVÉRBIOS 11:12-13)**

O mau uso da língua pode levar um indivíduo à morte. A Bíblia afirma que a língua é um mal incontrolável, cheia de veneno mortal. Assim como uma pequena fagulha pode incendiar um grande bosque, a língua pode atear fogo em todo nosso corpo e nos levar ao inferno. Ela pode influenciar todo o curso de nossa vida, por isso é vital refreá-la (TIAGO 3). Não use sua língua para falar mal do seu próximo, ainda que ele esteja caluniando você. Muitas vezes, o simples silêncio denota mais sabedoria do que as muitas palavras. Quem sabe controlar a própria língua é digno de confiança.

ORAÇÃO: Deus, reconheço o quanto erro com minhas palavras. Perdoa-me e dá-me sabedoria no falar!

34

SEJA MAIS GENEROSO

Há quem dê generosamente, e vê aumentar suas riquezas; outros retêm o que deveriam dar, e caem na pobreza. O generoso prosperará; quem dá alívio aos outros, alívio receberá. **(PROVÉRBIOS 11:24-25)**

Socorrer os necessitados, dar esmolas, repartir o que se tem com os menos favorecidos, fazer o bem sem olhar a quem, essas são algumas atitudes daqueles que têm um coração generoso. A generosidade é uma grande virtude, mas infelizmente está ficando escassa. O egoísmo, o consumismo e a corrupção têm menosprezado as boas ações em favor dos mais pobres. No entanto, há um contraste interessante entre a generosidade e a mesquinharia: quem reparte generosamente prosperará, mas quem retém até o que deveria dar, empobrecerá. Esse é um grande incentivo para estender as mãos aos necessitados. Afinal, "quem trata bem os pobres empresta ao SENHOR, e ele o recompensará" (PROVÉRBIOS 19:17).

ORAÇÃO: Senhor, dá-me generosidade para eu repartir o que tenho com os necessitados!

35

IGNORE O INSULTO

O insensato revela de imediato o seu aborrecimento, mas o homem prudente ignora o insulto. **(PROVÉRBIOS 12:16)**

Existem pessoas que não conseguem esconder quando alguma coisa as aborrece. Logo ficam de cara feia, amarguradas e contrariadas com tudo e com todos. Em casa, tratam mal o cônjuge, os filhos e até os animais. No serviço, o alvo são os colegas, ou qualquer um que se aproxime. Ninguém escapa das suas palavras e atitudes grosseiras, como se isso fosse amenizar o seu aborrecimento. O conselho de hoje é para ignorar o insulto. Isso pacificará nossos relacionamentos, tornando a vida mais fácil, leve e tranquila. Nossa tendência natural é ficar irado quando somos aborrecidos. Mas Jesus Cristo tem uma nova vida para aqueles que nele creem. Só o Senhor pode nos dar um coração disposto para o bem, capaz de ignorar o insulto e viver em paz com o próximo.

> **ORAÇÃO**: Deus, dá-me um coração capaz de perdoar a ofensa e ignorar o insulto!

36

EVITE AS PALAVRAS QUE FEREM

Há palavras que ferem como espada, mas a língua dos sábios traz cura. **(PROVÉRBIOS 12:18)**

As palavras ofensivas fazem muito mal, agridem, diminuem e rebaixam a alma. A espada é uma arma altamente perigosa, capaz ferir profundamente e até mesmo matar. Se formos imprudentes, nossas palavras poderão causar muita dor às pessoas com quem nos relacionamos. Mas, se usarmos nossa língua com sabedoria, nossas palavras poderão curar aqueles que nos ouvem. Para acertar nas palavras, precisamos consertar nosso coração, pois dele procede todas as fontes da vida (PROVÉRBIOS 4:23). Entregue seu coração ao Senhor Jesus e procure falar conforme a Palavra de Deus, assim suas palavras farão bem, e não mal.

ORAÇÃO: Deus, que da minha boca saiam somente palavras abençoadoras!

37

PROMOVA A PAZ

O engano está no coração dos que maquinam o mal, mas a alegria está entre os que promovem a paz. **(PROVÉRBIOS 12:20)**

Aqueles que maquinam o mal nutrem no coração o desejo egoísta de ser feliz a qualquer custo. Procuram alcançar seus objetivos sem se importar com os meios. A astúcia e a sedução os acompanham, e o engano adorna suas ações. Os que planejam e promovem a maldade bebem do próprio veneno. Vivem enganados, insatisfeitos, frustrados e oprimidos. Enquanto isso, aqueles que são sinceros promotores da paz, gozam de plena alegria. Suas ações são benéficas, justas e imparciais. Não buscam apenas o seu próprio interesse, mas também o dos outros. O bem que desejamos aos outros acaba nos alcançando. Os pacificadores se assemelham a Cristo e serão chamados de filhos de Deus.

ORAÇÃO: Senhor, ajuda-me a ser uma pessoa que luta contra o mal. Que minha vida se torne cada vez mais semelhante à de Cristo!

38

AFASTE A MENTIRA DOS LÁBIOS

O SENHOR odeia lábios mentirosos, mas se deleita com os que falam a verdade. **(PROVÉRBIOS 12:22)**

A mentira tornou-se tão comum, que temos dificuldade para identificar quando alguém está falando a verdade. Há quem defenda o hábito de mentir como necessário, acreditando que pequenas mentiras não fazem mal. Mas a Palavra de Deus, que é a verdade, condena taxativamente a prática da mentira. O tolo mente porque não teme ao Senhor nem à Sua Palavra. A mentira é perversa, enganadora, maligna, assim como o seu pai: o diabo. O sábio afasta a mentira dos seus lábios. Suas palavras são verdadeiras, sinceras e confiáveis. Ele mantém sua palavra, mesmo quando sai prejudicado. Deus se deleita com homens assim e os levará para o Seu reino de glória, por meio da fé em Jesus Cristo.

ORAÇÃO: Senhor, que as palavras da minha boca e a meditação do meu coração sejam agradáveis a Ti!

39

AJUNTE AOS POUCOS

O dinheiro ganho com desonestidade diminuirá, mas quem ajunta aos poucos terá cada vez mais. **(PROVÉRBIOS 13:11)**

Certa vez, ouvi a história de um militar que furtou alguns bens em um acidente com vítimas fatais. Quando sua desonestidade foi descoberta, ele foi expulso a bem da disciplina e acabou na miséria. O dinheiro sujo é sempre amaldiçoado, quem dele se apropria não ficará impune. Mas quem ajunta aos poucos, com trabalho e honestidade, tem a promessa de prosperar. Devemos fugir da ilusão de enriquecer da noite para o dia. É melhor administrar o que temos com sabedoria: não desperdiçar, não fazer dívidas e ainda poupar um pouco. O conselho não é para ajuntar tesouros na Terra, mas para viver com dignidade diante de Deus. O segredo para a prosperidade não está na sabedoria humana, mas sim na sabedoria divina.

ORAÇÃO: Senhor, livra-me da tentação dos ganhos desonestos! Ajuda-me a viver com sabedoria!

40

SIGA PELO CAMINHO CERTO

Há caminho que parece certo ao homem, mas no final conduz à morte. **(PROVÉRBIOS 14:12)**

Em maio de 2015, um alpinista viajava para a região serrana do Rio de Janeiro com sua família. Sem perceber que havia errado o caminho, acabou assassinado ao entrar em uma comunidade dominada pelo tráfico. Tragédias como essa têm se repetido e ilustram a verdade do texto bíblico. Todos nós corremos o risco de sermos autoconfiantes, seguindo o próprio coração, sem considerar aonde ele nos levará. As Escrituras ensinam que o coração é mais enganoso do que qualquer outra coisa. De fato, o caminho certo não está em nós mesmos, mas em Jesus Cristo. Confie nessa verdade! Negue-se a si mesmo, tome a sua cruz e siga-o.

ORAÇÃO: Senhor, creio que tu és o caminho certo. Ajuda-me a seguir-te sem jamais me desviar!

41

ADQUIRA O CONHECIMENTO

*Os inexperientes herdam a insensatez,
mas o conhecimento é a coroa dos
prudentes.* **(PROVÉRBIOS 14:18)**

A insensatez não é uma herança genética, mas pode ser passada de pai para filho. Os inexperientes adquirem a insensatez vivendo irresponsavelmente, seguindo os maus exemplos, seja dos próprios pais ou não. Porém o conhecimento é libertador, ele é o enfeite dos prudentes. Como uma joia valiosa, digna da nobreza, ele também pode ser herdado dos pais. Acima de tudo, ele deve ser adquirido com esforço e esmero. O conhecimento que o sábio exalta aqui não é o conhecimento científico, empírico ou humanista, mas o conhecimento de Deus. Conhecer a Deus eleva a alma, liberta a mente e transforma a vida. Para conhecê-lo, precisamos ter fé em Jesus. O Filho de Deus veio ao mundo para que o Pai fosse conhecido. Então, conheçamos e prossigamos em conhecer a Deus!

ORAÇÃO: Senhor, ajuda-me a crescer no
conhecimento e na graça que há em Cristo!

42

NÃO DESPREZE O POBRE

Os pobres são evitados até por seus vizinhos, mas os amigos dos ricos são muitos. Quem despreza o próximo comete pecado, mas como é feliz o que trata com bondade os necessitados! **(PROVÉRBIOS 14:20-21)**

Infelizmente, existem pessoas que decidem como tratarão o próximo avaliando sua condição financeira. Essa postura não pode ser tomada pelo militar, sobretudo no cumprimento do seu dever. Sabemos que tanto o pobre como o rico devem ser tratados da mesma forma. O juramento feito no início da carreira militar, de servir à população mesmo com o sacrifício da própria vida, está muito acima da condição financeira de um indivíduo. Portanto, no exercício da função, ou nas horas de folga, jamais despreze uma pessoa só por ela ser pobre. Quem estende as mãos aos necessitados, agrada a Deus e recebe a felicidade como recompensa.

ORAÇÃO: Senhor Jesus, ensina-me a tratar as pessoas como o Senhor as trata: com bondade, compaixão e amor!

43

CULTIVE A PAZ INTERIOR

O coração em paz dá vida ao corpo, mas a inveja apodrece os ossos. **(PROVÉRBIOS 14:30)**

Quem vive invejando os outros está doente de espírito. A inveja é amarga, perturbadora, mortífera, como um câncer que apodrece os ossos. O invejoso cobiça no coração aquilo que não é seu. Aplica suas energias desejando mais e mais, porém, constantemente se frustra. Enquanto nada satisfaz o invejoso, o que tem um coração em paz está contente com tudo. Sua vida é simples, saudável e tranquila. Com Cristo, aprendemos a viver em paz e nos contentar em toda e qualquer situação. O Senhor é quem nos liberta da inveja e nos dá um coração cheio de paz. Não a paz desse mundo, que é passageira e circunstancial, mas a paz que vem de Deus. Uma paz interior, sobrenatural, que excede todo nosso entendimento.

ORAÇÃO: Deus, concede-me a verdadeira paz!
Dá-me a paz com Cristo e a paz de Cristo!

44

RESPONDA COM CALMA

A resposta calma desvia a fúria, mas a palavra ríspida desperta a ira. **(PROVÉRBIOS 15:1)**

Trabalhar com outras pessoas exige muita paciência e sabedoria. Os conflitos surgem e provocam intrigas se não forem bem resolvidos. Às vezes teremos de lidar com pessoas enfurecidas. Se respondermos com ira e ignorância, arranjaremos mais problemas ainda. Uma boa orientação para a solução desses conflitos é: responda com calma. Para isso, teremos de esperar o tempo certo, até que os ânimos se esfriem. Devemos também procurar as palavras certas, amigáveis e compreensivas, sempre lembrando "que a resposta calma desvia a fúria". A calma, a temperança e o domínio próprio são virtudes dos filhos de Deus. Faça bom uso dessa sabedoria: responda com calma!

> **ORAÇÃO:** Senhor, dá-me o domínio próprio para responder com calma diante dos conflitos que eu enfrentar!

45

SORRIA, VOCÊ ESTÁ SENDO FILMADO

*Os olhos do SENHOR estão em toda parte, observando atentamente os maus
e os bons.* **(PROVÉRBIOS 15:3)**

Com o avanço tecnológico, vivemos em um tempo em que a privacidade foi quase extinta. Praticamente nada do que fazemos escapa das lentes de uma câmera, estejam elas escondidas ou não. Se, por um lado, isso trouxe mais segurança, por outro, deixou muita gente incomodada. Essa realidade ilustra bem o que diz esse texto bíblico: nada foge aos olhos atentos do Senhor. Cabe a nós reconhecer que haveremos de prestar contas por todos os nossos atos. Precisamos abandonar toda conduta imprópria, injusta e desonesta, pois quando andamos na retidão, não há o que temer. Não fique triste ou desanimado com isso, mas sorria, os olhos do Senhor estão filmando você!

> **ORAÇÃO:** Deus, guia-me na obediência
> aos Teus mandamentos, pois assim
> não terei o que temer!

46

OUÇA BONS CONSELHOS

Os planos fracassam por falta de conselho, mas são bem-sucedidos quando há muitos conselheiros. Dar resposta apropriada é motivo de alegria; e como é bom um conselho na hora certa! **(PROVÉRBIOS 15:22-23)**

Não há nada mais frustrante do que olhar para trás e ver um plano fracassado. Pior ainda é saber que todo o nosso sonho, trabalho, projeto e investimento não deram certo por falta de um bom conselho. Antigamente dizia-se que "se conselho fosse bom, ninguém dava, vendia". Hoje vemos o crescimento do número de profissionais que "vendem" seus conselhos. Porém, nem todos os conselheiros são dignos de confiança. Tome cuidado quando você precisar de conselhos; procure por pessoas sensatas, experientes e bem-sucedidas. O conselho para ser bom, não precisa ser pago. Confie nos conselhos da Palavra de Deus.

ORAÇÃO: Senhor, agradeço-te pelos conselhos que encontro em Tua Palavra. Neles encontro a verdadeira sabedoria.

47

REPUDIE O SUBORNO

O avarento põe sua família em apuros, mas quem repudia o suborno viverá. **(PROVÉRBIOS 15:27)**

Você já ouviu dizer que o amor ao dinheiro é a raiz de todos os males? Não é difícil perceber por que Deus condena o avarento. O amante do dinheiro é capaz de cometer loucuras por ele: despreza a ética, a justiça e a moral. Ele engana, rouba e até mata para ter o objeto do seu desejo. O problema é que muitos não percebem que pequenos desvios geram enormes consequências. Quem é infiel no pouco, também o será no muito. O fato se torna pior ainda porque o avarento não arrisca somente sua pele, mas também a dos seus companheiros e de sua própria família. Precisamos ficar atentos para não cair na sedução das riquezas. Quem repudia o suborno estará sempre seguro e viverá em paz. Diga NÃO ao suborno!

ORAÇÃO: Deus, livra-me das armadilhas da avareza e ajuda-me a odiar o suborno!

48

VIVA COM RETIDÃO

É melhor ter pouco com retidão do que muito com injustiça. **(PROVÉRBIOS 16:8)**

A retidão, a justiça e a honestidade estão fora de moda em nossos dias. A ganância tem destruído indivíduos, famílias e sociedades inteiras. O "ter" tornou-se mais importante do que o "ser". Não importa como, o lema é acumular riquezas e bens. Porém, os que assim procedem são tolos. A nossa vida não consiste na quantidade dos nossos bens. O bom nome vale muito mais do que as riquezas. Deus não deixará o ímpio sem castigo. Todos os injustos serão destruídos. Em meio a tanta corrupção, o militar deve honrar sua instituição e zelar pelo seu próprio nome. Para os que estão a serviço de Cristo, a dignidade no viver não é uma opção, mas uma santa vocação. Viva com retidão!

ORAÇÃO: Senhor, ajuda-me a contentar-me com o que tenho, para que eu não seja tentado a abandonar a retidão!

49

PLANEJE COM DEUS

Em seu coração o homem planeja o seu caminho, mas o SENHOR determina os seus passos. **(PROVÉRBIOS 16:9)**

Todos nós carregamos alguns sonhos desde a infância. Você ainda se lembra da resposta à famosa pergunta "o que você quer ser quando crescer?". Nem sempre os sonhos de infância se realizam, mas enchem de planos o coração. Carregamos essa tendência pelo resto da vida. Estamos sempre sonhando e planejando algo, porém não podemos esquecer que Deus é quem determina todas as coisas. Todos os nossos planos estão sujeitos à aprovação do Senhor. Para que eles prosperem, precisamos planejar junto com Deus. Precisamos orar e considerar a vontade do Senhor. O princípio bíblico nos ensina: "consagre ao Senhor tudo o que você faz, e os seus planos serão bem-sucedidos" (PROVÉRBIOS 16:3).

ORAÇÃO: Senhor, ajuda-me a planejar conforme a Tua vontade!

50

O ORGULHOSO SERÁ DESTRUÍDO

O orgulho vem antes da destruição; o espírito altivo, antes da queda. Melhor é ter espírito humilde entre os oprimidos do que partilhar despojos com os orgulhosos. **(PROVÉRBIOS 16:18-19)**

Todos nós já nos deparamos com pessoas arrogantes e orgulhosas. Algum tipo de reação sempre acontece. Alguns ficam sem ação, como se estivessem dominados por tanta altivez, não conseguem falar uma palavra sequer. Outros enfrentam, tentam argumentar, mas, ao se aborrecerem, desistem para evitar um mal maior. Apesar de parecer inatingível, o texto bíblico nos deixa claro que o orgulhoso, de espírito altivo, não passará impune. Um dia ele será destronado, um dia ele, com toda a sua soberba, será destruído. Oposto ao orgulhoso existe o de espírito humilde. Ele é diferente e tem o espírito dócil. Conviver com o humilde é muito mais fácil e agradável.

ORAÇÃO: Deus, ajuda-me a abandonar completamente o orgulho!

51

EXAMINE CADA QUESTÃO

Quem examina cada questão com cuidado prospera, e feliz é aquele que confia no Senhor. **(PROVÉRBIOS 16:20)**

Quantas missões malsucedidas! Quantas operações desastrosas! Quanta dor e sofrimento podem ser causados pela simples falta de atenção! Fazer tudo com atenção, com cuidado, com olhar minucioso e responsável, demonstra prudência e assegura o sucesso. Na vida militar, lidamos com diversas situações, algumas simples e outras complexas. Contudo todas elas necessitam de muita atenção. O militar atencioso tende a ser bem-sucedido em suas missões, e aquele que confia em Deus encontra a felicidade. Não faça nada mais com desatenção. Examine cada questão cuidadosamente. Busque a excelência até nas pequenas tarefas. E, acima de tudo, aprenda a confiar em Deus.

> **ORAÇÃO:** Deus, ajuda-me a ser mais atencioso, e a confiar no Senhor de todo o meu coração!

52

JAMAIS COMECE UMA DISCUSSÃO

Começar uma discussão é como abrir brecha num dique; por isso resolva a questão antes que surja a contenda. **(PROVÉRBIOS 17:14)**

Da última vez em que você discutiu com alguém, quem saiu vitorioso? Ninguém, pois na verdade a única maneira de vencer uma discussão é não discutindo. Estamos cansados de saber que discussões, brigas e contendas só causam mal. Mesmo assim, muitos estão dispostos a brigar por qualquer motivo. São indivíduos que gostam de defender seus direitos, mas quase sempre se esquecem dos seus deveres e obrigações. Quando lidamos com questões conflitantes, precisamos resolvê-las com paciência, equilíbrio e sabedoria. Se agirmos por impulso e com ira, os prejuízos serão certos. Pense na ilustração acima: "começar uma discussão é como abrir brecha num dique". Jamais comece uma discussão! Resolva suas questões com paciência, sem ira nem contenda!

ORAÇÃO: Senhor, dá-me sensatez e equilíbrio para resolver meus problemas sem discussões!

53

FALE SOMENTE O NECESSÁRIO

Até o insensato passará por sábio, se ficar quieto, e, se contiver a língua, parecerá que tem discernimento. **(PROVÉRBIOS 17:28)**

Falar somente o necessário, só quando for solicitado, pouco ou até mesmo ficar em silêncio, são conselhos válidos para todos que desejam evitar problemas, principalmente para um militar. Mas quem nunca abriu a boca quando deveria ficar calado? Acredite, todos nós podemos nos beneficiar pelo uso adequado da língua. Porém, se formos insensatos, sofreremos as consequências. "A língua tem poder sobre vida e a morte" (PROVÉRBIOS 18:21), e "quem é cuidadoso no que fala evita muito sofrimento" (21:23). A simples atitude de conter a língua pode fazer bem para todos. No trabalho, na rua ou em casa, há momentos em que o melhor que temos a fazer é ficar quietos.

ORAÇÃO: Senhor, ajuda-me a domar minha língua para falar somente o necessário!

54

AJUDE OS QUE SE ISOLAM

*Quem se isola busca interesses egoístas e se
rebela contra a sensatez.* **(PROVÉRBIOS 18:1)**

Nas unidades militares, a camaradagem, a cooperação mútua e o altruísmo são indispensáveis à boa convivência. Ainda assim, deparamo-nos com colegas que procuram se isolar. Não conversam muito, não sorriem e não fazem amigos. Quando os mais amigáveis tentam se aproximar, ficam decepcionados diante da inflexibilidade. A frieza, a apatia e o descaso dessas pessoas causam constrangimento. Como ajudar os colegas que se isolam? O ideal é sentar-se com a pessoa e, numa conversa franca, ajudá-la a identificar os seus interesses egoístas. Tão logo a insensatez seja reconhecida, devemos levar a esperança ao coração. Afinal, Jesus veio tratar dos doentes. Em vez de ignorarmos quem procura o isolamento, devemos estender a mão e encorajar a mudança de atitude.

ORAÇÃO: Senhor, capacita-me com sabedoria
para ajudar os que se isolam, encorajando-os
a mudarem de atitude!

55

OUÇA BEM ANTES DE RESPONDER

Quem responde antes de ouvir comete insensatez e passa vergonha. **(PROVÉRBIOS 18:13)**

A precipitação no falar, quando provém de respostas dadas antes mesmo de ouvir, demonstra impaciência, intolerância, falta de respeito e em alguns casos insubmissão. De forma mais generalizada, podemos classificar essa atitude como falta de educação. O militar que age assim, independentemente do posto ou da graduação, mais cedo ou mais tarde passará vergonha. Sua insensatez ficará evidente, e poderá denegrir também a imagem da sua instituição. "Meus amados irmãos, tenham isso em mente: Sejam todos prontos para ouvir, tardios para falar e tardios para irar-se" (TIAGO 1:19). Evite a precipitação nas palavras e ouça bem antes de responder!

ORAÇÃO: Deus, livra-me da precipitação dos lábios e da vergonha da insensatez!

56

VALORIZE O SEU CÔNJUGE

Quem encontra uma esposa encontra algo excelente; recebeu uma bênção do SENHOR. **(PROVÉRBIOS 18:22)**

Para muitos, o casamento é visto como uma instituição falida. O fato é que na ânsia de satisfazer anseios egoístas, muitos abandonam o cônjuge e partem para novos relacionamentos. Ignoram a realidade de que, ao mudar de relacionamento, os problemas continuam, pois as áreas de conflito geralmente são as mesmas. Nossos quartéis vivem os efeitos da desintegração das famílias. O rendimento profissional de muitos militares fica comprometido. Um reflexo do impacto emocional e dos conflitos na divisão de famílias e bens. O sábio reconhece que o seu cônjuge é um presente de Deus e valoriza seu casamento. Mas aqueles que apoiam e incentivam o divórcio levantam-se contra o Senhor. Não se esqueça da advertência que Jesus nos deixou: "o que Deus uniu, ninguém o separe" (MARCOS 10:9).

ORAÇÃO: Senhor, agradeço-te por meu casamento. Ajuda-me a amar e valorizar o meu cônjuge!

57

RECONHEÇA OS VERDADEIROS AMIGOS

*Quem tem muitos amigos pode chegar
à ruína, mas existe amigo mais apegado
que um irmão.* **(PROVÉRBIOS 18:24)**

Todos nós corremos o risco de ter falsos amigos. Esses são capazes de nos abandonar quando mais precisamos deles. Amigos assim são cheios de alegria e disposição para farrear, "curtir" e aproveitar a vida. Eles podem nos levar à ruína. Mas, quando as dificuldades surgem, o dinheiro acaba ou a doença chega, é quando descobrimos os verdadeiros amigos. Aqueles que são "mais apegados que um irmão". Amigos de verdade amam em todo o tempo, não só quando as coisas estão bem; são leais, companheiros, sinceros e sempre prontos a nos ajudar. Devemos reconhecer e valorizar os amigos que não nos abandonam. Por isso é que devemos reconhecer o Senhor Jesus como nosso grande amigo. Em todos os momentos da vida, é com Ele que podemos contar (MATEUS 28:20).

ORAÇÃO: Senhor, agradeço-te por seres meu amigo e pelos amigos que me deste!

58

FALE SEMPRE A VERDADE

A testemunha falsa não ficará sem castigo, e aquele que despeja mentiras perecerá. **(PROVÉRBIOS 19:9)**

A mentira pode começar com poucas palavras, mas logo vai tomando conta de tudo e corrompe o caráter. Quem mente numa situação pequena é capaz de mentir em todas as outras. O que o mentiroso não percebe é que o maior enganado é ele mesmo. Mais cedo ou mais tarde a verdade aparecerá e o mentiroso não sairá impune. Só um tolo tentará escapar do castigo usando mentiras e falsas testemunhas. Precisamos combater a mentira, repudiá-la e lutar a favor da verdade. Nosso Senhor condena a mentira e nosso Regulamento Disciplinar também. A mentira não provém de Deus, mas do diabo. Jesus se manifestou para destruir as obras do diabo (1 JOÃO 3:8): sua mentira, maldade e engano. Volte-se para Deus, abandone a mentira e fale sempre a verdade com o seupróximo.

ORAÇÃO: Senhor, livra-me de toda a mentira e faz de mim um legítimo filho de Deus!

59

IGNORE AS OFENSAS

A sabedoria do homem lhe dá paciência; sua glória é ignorar as ofensas. **(PROVÉRBIOS 19:11)**

Todos concordam que a paciência é uma grande virtude, mas poucos sabem como adquiri-la. No texto bíblico, aprendemos que a paciência é fruto da sabedoria. Paciência não significa lerdeza, morosidade ou inércia. Paciência é a capacidade de esperar a hora certa e agir com serenidade, equilíbrio e sensatez. O homem paciente evita muitos sofrimentos, sobretudo, porque aprende a ignorar as ofensas. Por mais que pareça absurdo, a vida se torna mais tranquila quando aprendemos essa lição. Guardar mágoa no coração, remoê-la, nutrir o desejo de vingança, é como tomar o veneno e esperar que quem nos ofendeu sofra os efeitos. Aqueles que sabem o tamanho do perdão que receberam de Deus, por meio de Cristo, sabem ignorar as ofensas. Além disso, se alguém não perdoar seu semelhante, o Pai celestial também não o perdoará (MARCOS 11:26).

ORAÇÃO: Deus, perdoa as minhas ofensas como eu tenho perdoado aqueles que me ofenderam!

60

FUJA DO ALCOOLISMO

O vinho é zombador e a bebida fermentada provoca brigas; não é sábio deixar-se dominar por eles. **(PROVÉRBIOS 20:1)**

No Brasil, a bebida alcoólica é largamente usada, mesmo assim, os que incentivam o seu uso advertem: "beba com moderação". O alcoolismo é um mal que perturba nossa sociedade. Ele rouba a sobriedade e aumenta suas vítimas a cada dia. Ao embriagar-se, alguns sentem-se confiantes, poderosos e inatingíveis. Entorpecidos, fazem proezas como se nada pudesse os deter. Outros agem como crianças indefesas, abraçam, beijam e choram. Quando o efeito da bebida passa, vem o desconforto da ressaca e as suas terríveis consequências. Grandes homens dos nossos quartéis travam lutas ferrenhas contra o alcoolismo. Felizes os que o abandonam antes de perder tudo: dinheiro, saúde e família. Mais felizes ainda são os que preferem a abstinência total. Fuja da bebida alcoólica! Afinal, a prevenção ainda é o melhor remédio.

ORAÇÃO: Deus, ajuda-me a viver longe dos vícios! Estende Tuas mãos e socorre todos aqueles que lutam contra as drogas!

61

NÃO SE LEVANTE CONTRA UMA AUTORIDADE

O medo que o rei provoca é como o do rugido de um leão; quem o irrita põe em risco a própria vida. **(PROVÉRBIOS 20:2)**

O rei é a autoridade máxima em uma monarquia, seus súditos devem respeitá-lo, temê-lo e honrá-lo. Aqueles que se levantam contra sua autoridade, arriscam a própria vida. No militarismo, não temos um rei, mas temos muitos superiores hierárquicos que devem ser respeitados. Não é sábio levantar-se contra uma autoridade. A submissão não é apenas um princípio militar, mas também cristão. O sábio honra a Deus quando se submete, respeita e honra uma autoridade. Precisamos guardar bem esse conselho e, na dependência de Deus, colocá-lo em prática. Não provoque os que estão sobre você! Não vale a pena lutar contra os princípios divinos.

ORAÇÃO: Deus, dá-me a submissão voluntária para obedecer e honrar as autoridades instituídas pelo Senhor!

62

SEJA UM PACIFICADOR

É uma honra dar fim a contendas, mas todos os insensatos envolvem-se nelas. **(PROVÉRBIOS 20:3)**

Diante de contendas, nem sempre encontramos pessoas dispostas a dar um fim a elas. O mais comum é encontrar pessoas que se evolvem. Tais pessoas alimentam as intrigas com boatos, acusações e calúnias. Essa postura é ridícula e revela grande insensatez. Em nossos quartéis, podemos nos deparar com essas situações indesejadas. Colegas que se desentendem e deixam de se falar. Julgam que o melhor é neutralizar, ignorar e menosprezar o ofensor. A sabedoria nos ensina a procurar o fim das contendas. Devemos pacificar as relações sem tomar partido. Precisamos encorajar o perdão mútuo e a reconciliação. Como nas palavras de Jesus: "Bem-aventurados os pacificadores, pois serão chamados filhos de Deus" (MATEUS 5:9).

> **ORAÇÃO:** Deus, diante dos conflitos, faz de mim um verdadeiro pacificador. Que eu leve a paz àqueles que estão sob contendas e ódio!

63

PROCURE DISCERNIR AS INTENÇÕES DO CORAÇÃO

Os propósitos do coração do homem são águas profundas, mas quem tem discernimento os traz à tona. **(PROVÉRBIOS 20:5)**

Os propósitos do coração podem ser interpretados como os planos ou as reais intenções de uma pessoa. Muitas vezes, boas ações podem esconder más intenções. Na verdade, quando as intenções são boas elas ficam evidentes, claras e visíveis, pois não há motivo para ocultá-las. No serviço militar, gozamos de um ambiente amigável, caracterizado pela confiança e lealdade. Isso proporciona ações bem-intencionadas, mesmo em situações adversas. Precisamos agir sempre com sinceridade e transparência para que os propósitos do coração fiquem claros e esse clima amigável seja preservado. Além disso, devemos ficar atentos para não sermos enganados por aqueles que agem com obscuridade e más intenções.

ORAÇÃO: Senhor, ajuda-me a discernir as reais intenções das pessoas que me cercam. Não me deixes enganado pelas aparências!

64

DÊ IMPORTÂNCIA AOS CONSELHOS

Os conselhos são importantes para quem quiser fazer planos, e quem sai à guerra precisa de orientação. **(PROVÉRBIOS 20:18)**

Quantas missões frustradas, quantos objetivos não alcançados, quantas consequências negativas, tudo por falta de bons planos, conselhos e orientações. O provérbio exalta a importância de ouvirmos conselhos na fase do planejamento e de buscar orientações na execução das nossas missões. Podemos constatar que a violência tem tomado proporções alarmantes, a sociedade vive assustada e clama desesperadamente por segurança. Estamos em uma verdadeira guerra, lutamos para defender pessoas. Precisamos de conselhos e orientações para que nossos objetivos sejam alcançados. Precisamos da proteção divina para voltar com vida para os nossos lares. Jesus é o protetor daqueles que o buscam. Ele é o maravilhoso conselheiro, e quem segue Suas orientações anda em segurança.

ORAÇÃO: Deus, meus ouvidos estão abertos para ouvir Teus conselhos. Fala comigo por meio da Tua Palavra!

65

EVITE QUEM FALA DEMAIS

Quem vive contando casos não guarda segredo; por isso, evite quem fala demais. **(PROVÉRBIOS 20:19)**

A convivência na caserna é uma excelente oportunidade para fazermos boas amizades. No rancho, no cassino, na viatura ou mesmo no alojamento, sempre encontramos espaço para conversas amigáveis. Apesar da descontração, temos de tomar cuidado com aqueles que vivem contando casos. Infelizmente, algumas amizades se rompem e contendas surgem porque segredos foram revelados. Mesmo que pareça insignificante para quem fala, ou para quem ouve, o segredo revelado pode prejudicar, magoar e entristecer muitas pessoas. Guarde bem o conselho de hoje: "evite quem fala demais". Isso não significa marcar esse ou aquele colega como seu inimigo. Mas devemos ter critérios bem estabelecidos na hora de iniciar ou cultivar nossas amizades.

ORAÇÃO: Senhor, Teus conselhos são dignos de inteira confiança, ajuda-me a evitar os colegas que falam demais!

66

NÃO PROCURE VINGANÇA

Não diga: "Eu o farei pagar pelo mal que me fez!"
Espere pelo Senhor, e ele dará a vitória a você.
(PROVÉRBIOS 20:22)

Quando alguém nos faz mal, podemos tentar dar o troco, ou esperar pela justiça divina. A Bíblia ensina que não vale a pena procurar a vingança. Ela só provoca mais dor e sofrimento. Na ânsia de vingar-se, o indivíduo gasta todo seu tempo e energia imaginando como retribuir o mal. Não basta apenas um pedido de desculpas, ou a simples reparação do dano. Ele quer que o ofensor pague caro pelo que fez. Com esse desejo nocivo, perdemos totalmente a paz. Por meio do estresse e da amargura podemos desenvolver graves doenças. Além disso, caso a vingança seja praticada, um ciclo vicioso pode se instaurar e provocar grandes tragédias. Não precisamos sujar nossas mãos com a vingança. Podemos confiar na justiça do Senhor que retribuirá a cada um segundo as suas obras.

ORAÇÃO: Senhor, só tu és o meu refúgio,
minha justiça e minha esperança!

67

FAÇA O QUE É JUSTO

Fazer o que é justo e certo é mais aceitável
ao Senhor do que oferecer sacrifícios.
(PROVÉRBIOS 21:3)

Muitas vezes, temos ideias equivocadas de como agradar a Deus. Pagar promessas, acender velas, frequentar igrejas e doar dinheiro são práticas comuns em várias religiões. Mas sem o temor do Senhor, sem a fé em Jesus e sem a obediência às Escrituras, a religião não tem valor. Então, como podemos agradar a Deus? A resposta é simples: faça o que é justo. O justo pratica a justiça, a misericórdia e o amor. A sua boca é uma fonte de vida para os sedentos. Suas mãos socorrem os necessitados. Seus pés se apressam para fazer o bem. Assim como os olhos dos servos estão atentos à mão de seu senhor, o justo está atento à vontade de Deus. Suas obras são excelentes e glorificam ao Pai Celeste. Sua vida é um reflexo da pessoa de Jesus Cristo.

ORAÇÃO: Senhor, dá-me sabedoria e forças para fazer sempre o que é justo!

68

NÃO SEJA APRESSADO

Os planos bem elaborados levam à fartura; mas o apressado sempre acaba na miséria. **(PROVÉRBIOS 21:5)**

O sucesso na vida é uma glória, mas o fracasso é terrível. Planejar bem é como dar passos seguros em direção ao sucesso. Mas "o apressado come cru". Os planos bem elaborados nos fazem enxergar os objetivos, os meios necessários e os possíveis resultados. Percebemos os riscos e alcançamos uma ideia mais clara do valor do projeto. Durante o planejamento, tomamos conselhos, avaliamos as condições e lançamos mãos à obra com mais segurança. Tudo isso exige paciência, sabedoria e temor do Senhor. Dependemos de Deus para saber como e quando devemos agir. O apressado age por impulso, no calor da emoção e não atinge a perfeição. Ele não busca a Deus, não pede conselhos e não planeja. Não seja um apressado! Antes de agir, planeje bem e coloque tudo diante do Senhor!

ORAÇÃO: Senhor, consagro a ti os meus planos. Não quero dar nenhum passo sem que tu aproves!

69

NÃO SE ENTREGUE AOS PRAZERES

Quem se entrega aos prazeres passará necessidades; quem se apega ao vinho e ao azeite jamais será rico. **(PROVÉRBIOS 21:17)**

Quem se entrega aos prazeres torna-se um irresponsável. Porta-se inconvenientemente, sedento por mais um pouco daquilo que o escravizou. Ele sonha com a riqueza, mas jamais será rico. Ainda que herde fortunas, elas escoarão como água entre os dedos. A pobreza persegue quem leva uma vida desregrada. O sábio entende que as coisas boas da vida devem ser gozadas com entendimento, sabedoria e temor do Senhor. Seu deleite está em Deus e na observância da Sua Palavra. Ele não vive para satisfazer sua própria vontade, mas a de Deus. Os prazeres deste mundo são passageiros, mas aqueles que fazem a vontade do Senhor permanecem para sempre (1 JOÃO 2:17).

ORAÇÃO: Senhor, não permitas que nenhum pecado me domine, mas que eu encontre a alegria de fazer a Tua vontade!

70

APRENDA A ECONOMIZAR

*Na casa do sábio há comida e azeite armazenados,
mas o tolo devora tudo o que pode.* **(PROVÉRBIOS 21:20)**

Nossa sociedade está totalmente voltada para o consumo. São tantos apelos, que cresce a cada dia o número de "consumidores compulsivos". Pessoas que compram descontroladamente só para satisfazer os seus desejos. Compram no cartão, financiamento, crediário, afinal a promoção era "imperdível", sem juros e sem entrada. Esses consumidores só não percebem que também não terão saída. Atualmente, um em cada três brasileiros está endividado. Se seguirmos o conselho do texto bíblico poderemos diminuir essa estatística e evitar muita dor de cabeça. O sábio faz economizas e tem sustento, provisão e paz. O tolo gasta tudo o que ganha e passa necessidades. Precisamos separar uma parte da nossa renda, ainda que pequena, para economizar.

ORAÇÃO: Ensina-me, Senhor, a não gastar mais
do que ganho, a viver com contentamento,
a fugir das dívidas e a economizar!

71

CONSTRUA UMA BOA REPUTAÇÃO

A boa reputação vale mais que grandes riquezas: desfrutar de boa estima vale mais que prata e ouro. **(PROVÉRBIOS 22:1)**

A escassez de caráter é uma marca dos nossos dias. A sociedade está mergulhada de tal forma em falcatruas e imbróglios, que as riquezas alcançadas por meios ilícitos têm prioridade à boa reputação. Surgem então as perguntas: É possível não se corromper? Ainda existe alguma instituição que desfrute de boa reputação? De fato, a vida na caserna já foi mais estimada, principalmente pela ética, moral e honestidade de seus membros. Não podemos deixar que a corrupção destrua a boa estima e o respeito que conquistamos perante a sociedade. Precisamos preservar o bom nome e a boa reputação da vida militar. Nessa empreitada, devemos nos voltar para Deus. Aqueles que estão em Cristo têm um coração limpo por causa da Sua Palavra. Que o Senhor nos livre da enxurrada de corrupção dos nossos dias!

ORAÇÃO: Senhor, ajuda-me a viver dignamente diante de ti e da sociedade. Dá-me um bom caráter, um bom nome e uma boa reputação!

72

AFASTE-SE DOS ZOMBADORES

Quando se manda embora o zombador, a briga acaba; cessam as contendas e os insultos. Quem ama a sinceridade de coração e se expressa com elegância será amigo do rei. **(PROVÉRBIOS 22:10-11)**

O zombador é um causador de discórdias que perturba os bons relacionamentos. Ele destrói a harmonia de um grupo com suas intrigas e contendas. Quando um grupo está sendo prejudicado, o zombador não pode ser poupado. A paz só reinará com a sua saída. Depois de repreendido, caso não haja mudanças, devemos nos afastar do zombador. O oposto do zombador é o sincero de coração, que se expressa com elegância e respeito. Ele será reconhecido por todos e se tornará amigo dos seus superiores. Em nossas instituições a presença de um zombador é muito nociva. Precisamos combater a zombaria e valorizar a sinceridade e o respeito mútuo. Deus nos chama para sermos promotores da paz, não da discórdia.

ORAÇÃO: Deus, afasta os zombadores do nosso meio e nos dê a Tua paz!

73

NÃO ANDE COM QUEM VIVE DE MAU HUMOR

Não se associe com quem vive de mau humor, nem ande em companhia de quem facilmente se ira; do contrário você acabará imitando essa conduta. **(PROVÉRBIOS 22:24-25)**

A convivência com pessoas mal-humoradas é sempre problemática e pode gerar constrangimentos, dissabores e inimizades. O mau humor é evidenciado por atitudes grosseiras, amargas e iracundas. No meio militar, encontramos aqueles que justificam essas atitudes pela necessidade de posturas mais austeras. Esses se esquecem de que o respeito mútuo contribui para a harmonia entre os pares, superiores e subordinados. O perigo é que o convívio com tais pessoas pode nos levar ao mesmo tipo de conduta. Não se associar é a melhor saída para preservarmos os bons princípios. Devemos andar na companhia de pessoas dignas, bem-humoradas e amáveis. Observe aqueles que dão um bom testemunho da sua fé em Jesus e associe-se a eles.

ORAÇÃO: Deus, ajuda-me a ter uma boa convivência com meus companheiros de serviço!

74

SEJA HABILIDOSO

Você já observou um homem habilidoso em seu trabalho? Será promovido ao serviço real; não trabalhará para gente obscura. **(PROVÉRBIOS 22:29)**

Trabalhar com pessoas bem capacitadas, diligentes e hábeis faz o serviço fluir prazerosamente. Uma guarnição ou uma equipe formada por militares habilidosos tem suas missões coroadas de êxitos. Na condição inversa, a falta de habilidade e prontidão para o serviço dificulta tudo. O militar moroso, lento e enrolado compromete tarefas simples e denigre a imagem de sua instituição. Mas o habilidoso destaca-se por sua atuação, certamente seu valor será reconhecido e sua postura recompensada. O bom desempenho das funções diárias resultará em posições de destaque. Segundo as Escrituras, aqueles que estão em Cristo foram capacitados para praticar boas obras (EFÉSIOS 2:10). Portanto, façamos tudo com excelência, para que Deus seja glorificado!

ORAÇÃO: Deus, capacita-me para o bom desempenho das minhas atribuições!

75

ATENÇÃO DIANTE DE UMA AUTORIDADE

Quando você se assentar para uma refeição com alguma autoridade, observe com atenção quem está diante de você, e encoste a faca à sua própria garganta, se estiver com grande apetite. Não deseje as iguarias que lhe oferece, pois podem ser enganosas. **(PROVÉRBIOS 23:1-3)**

Todo militar está submisso a um comandante, um chefe ou um diretor. Comportar-se diante de uma autoridade é, por vezes, muito constrangedor. A atenção precisa ser redobrada, a postura corrigida e as palavras bem pensadas. Essa atenção deve ser constante, mesmo se a autoridade nos convida para uma refeição. Não podemos deixar que o nosso apetite e as iguarias nos seduzam, mas devemos ser sóbrios e comer com moderação, considerando sempre a presença do superior. Além do mais, não sabemos o que está no coração da autoridade. Precisamos tomar cuidado: o banquete pode ser uma armadilha.

ORAÇÃO: Senhor, dá-me a atenção necessária para manter uma atitude respeitosa diante dos meus superiores!

76

DEDIQUE-SE À DISCIPLINA ESPIRITUAL

Dedique à disciplina o seu coração, e os seus ouvidos às palavras que dão conhecimento. **(PROVÉRBIOS 23:12)**

Um militar bem disciplinado dedica-se integralmente ao serviço, obedece prontamente às ordens superiores, observa as prescrições regulamentares e corrige suas atitudes. A disciplina garante o nosso bem-estar e mantém a ordem em nossas instituições. Por isso, ela deve ser consciente, interna e dominar o coração. Com o mesmo empenho que nos submetemos à disciplina militar, precisamos nos submeter às disciplinas espirituais. A busca pelo conhecimento de Deus, o apego às Escrituras e a prática da piedade nos levarão a uma vida de sabedoria. Procure ler a Bíblia e orar diariamente, achegue-se a Deus, e Ele se chegará a você. Deus deseja que Seus filhos tenham a alma purificada, elevada e enobrecida. A oração e a meditação constante na Palavra de Deus transformam a alma à semelhança de Cristo.

ORAÇÃO: Senhor, dá-me um coração disciplinado e inteiramente dedicado a ti!

77

NÃO INVEJE OS PECADORES

Não inveje os pecadores em seu coração; melhor será que tema sempre o SENHOR. Se agir assim, certamente haverá bom futuro para você, e a sua esperança não falhará. **(PROVÉRBIOS 23:17-18)**

Às vezes, pensamos que os pecadores são felizes ou que os maus se dão bem. Esses pensamentos podem ocorrer quando vemos um corrupto enriquecer, um ladrão desfrutar dos bens alheios, ou mesmo quando ouvimos os imorais contando suas aventuras. Nessas horas, corremos o risco de invejar os pecadores e de achar que não vale a pena ser justo. No entanto, com um pouco de entendimento, logo percebemos que o crime não compensa. Os que praticam o mal não têm nenhuma esperança quanto ao futuro. Sua alegria é fugaz, ilusória e dura só um instante. Portanto, não inveje os pecadores, mas tema sempre ao Senhor. Agindo assim, seus dias serão abençoados e seus anos se prolongarão sobre a face da Terra.

ORAÇÃO: Senhor, ajuda-me a não invejar os pecadores em meu coração!

78

SELECIONE BEM AS SUAS AMIZADES

Não ande com os que se encharcam de vinho, nem com os que se empanturram de carne. Pois os bêbados e os glutões se empobrecerão, e a sonolência os vestirá de trapos. **(PROVÉRBIOS 23:20-21)**

Há um ditado popular que diz: "quem anda com porcos, farelo come". Amigos são como joias preciosas em nossa vida, mas precisamos ter bom senso com as amizades. O texto acima apresenta dois tipos de pessoas que devemos evitar: os beberrões e os glutões. Os que se encharcam com a bebida perdem a sobriedade. Os comilões nunca se satisfazem. De tanto comer e beber, são vencidos pela preguiça, pela sonolência e pela ociosidade. Certamente acabarão na pobreza e na miséria. Quem anda com essa gente acaba imitando a sua conduta. Da mesma forma, quem tem amizade com o sábio adquire a sabedoria. Os colegas que, com suas atitudes, dão bom testemunho de fé em Jesus devem estar no topo da lista de nossas amizades.

ORAÇÃO: Senhor, livra-me da companhia daqueles que não temem o Teu nome!

79

CUIDADO COM A IMORALIDADE

Meu filho, dê-me o seu coração; mantenha os seus olhos em meus caminhos, pois a prostituta é uma cova profunda, e a mulher pervertida é um poço estreito. Como o assaltante, ela fica de tocaia, e multiplica entre os homens os infiéis. **(PROVÉRBIOS 23:26-28)**

A imoralidade está nas ruas, nas casas, na mídia e nas redes sociais. Ela seduz os que não temem a Deus e os leva para a destruição. Todo militar, homem ou mulher, está sujeito às tentações da imoralidade. Cuidado! Não se entregue a esses desejos, eles são armadilhas mortais. A imoralidade perverte a alma, corrompe o coração e destrói o caráter. Por mais atraente que pareça, não vale o preço que pede: a sua alma. Devemos guardar o coração e os olhos em Deus para ficar livres da imoralidade. O Senhor tem poder para nos livrar da avalanche imoral que assola os nossos dias e preservar nosso coração puro.

ORAÇÃO: Senhor, meu coração e os meus olhos estão em ti. Livra-me da imoralidade!

80

DIGA NÃO ÀS DROGAS

De quem são os ais? De quem as tristezas? E as brigas, de quem são? E os ferimentos desnecessários? De quem são os olhos vermelhos? Dos que se demoram bebendo vinho, dos que andam à procura de bebida misturada. (PROVÉRBIOS 23:29-30)

Desde tempos remotos, o uso de entorpecentes causa problemas à sociedade. Violência, brigas, acidentes, tristezas e morte. Famílias inteiras são destruídas e vidas preciosas ceifadas. Quanta dor seria evitada se as pessoas ficassem mais sóbrias! O mundo incentiva o uso da bebida alcoólica porque se importa mais com o lucro do que com o bem-estar das pessoas. Precisamos combater o uso e o abuso das drogas, sejam elas lícitas ou ilícitas. Elas podem ser atrativas, mas "no fim mordem como serpente e envenenam como víbora" (PROVÉRBIOS 23:32). Não se deixe vencer pela bebida nem por qualquer outro entorpecente! Prevenir ainda é o melhor remédio: diga não às drogas!

ORAÇÃO: Deus, livra os nossos quartéis e as nossas famílias do vício das drogas!

81

PROCURE OS BONS CONSELHEIROS

Quem sai à guerra precisa de orientação, e com muitos conselheiros se obtém a vitória. **(PROVÉRBIOS 24:6)**

É embaraçoso ver um militar mal orientado no serviço. A possibilidade de algo dar errado torna o ambiente inseguro. As consequências podem ser desastrosas. Sabemos que nosso trabalho é marcado por tensão e emergências. Em todo lugar, somos requisitados por aqueles que necessitam de ajuda. A prontidão para agir deve ser constante. Essa demanda exige que tenhamos bons conselheiros para nos orientar. Os mais experientes devem compartilhar seus conhecimentos com os mais novos. Porém, cabe a cada um buscar as orientações necessárias para desempenhar bem sua missão. Não podemos nos esquecer de que a orientação espiritual é a mais importante para o sucesso na vida. Procure um colega cristão que demonstra andar com Deus e ouça os seus conselhos.

ORAÇÃO: Deus, coloca um conselheiro cristão ao meu lado, que seja capaz de me levar para mais perto de Ti!

82

NÃO SEJA UM CRIADOR DE INTRIGAS

Quem maquina o mal será conhecido como criador de intrigas. **(PROVÉRBIOS 24:8)**

Este provérbio fala daquele que tem a inclinação para fazer o mal, que planeja agir maldosa e perversamente contra outros. Quem assim procede é motivado por maus desejos e causa danos e sofrimentos, a si mesmo e a terceiros. O alvo das atitudes maldosas pode ser físico, psicológico ou moral. O criador de intrigas torna-se conhecido por causar problemas e acaba rejeitado por todos. Nos círculos de convivência militar é inadmissível uma pessoa com tal reputação. Quem entra por esse caminho é malvisto e sofre as consequências do seu mau procedimento. Nosso ambiente de trabalho deve ser livre de discórdias. O clima de confiança deve predominar em nossos quartéis. Para honrar a Cristo, não podemos ser violentos, mas sim amáveis, pacificadores e cordatos.

ORAÇÃO: Deus, que do meu coração fluam boas intenções para que eu não seja um criador de intrigas!

83

SEJA FORTE DIANTE DA DIFICULDADE

Se você vacila no dia da dificuldade, como será limitada a sua força! **(PROVÉRBIOS 24:10)**

Nesta vida, enfrentamos tempestades, tormentas e dificuldades. A luta pode ser tão intensa que alguns pensam até em desistir, como se isso fosse solucionar os problemas. No dia da dificuldade devemos lembrar que as aflições, as dores e os sofrimentos são comuns a todos. Não somos os únicos a passar por adversidades. De fato, a vida militar é marcada por tensões, desafios e dias maus. Por isso, não podemos vacilar e demonstrar fraqueza. Temos de lutar, enfrentar os problemas com força, bom ânimo e coragem provenientes da fé em Deus. Como disse Jesus: "Eu lhes digo essas coisas para que em mim vocês tenham paz. Neste mundo vocês terão aflições; contudo, tenham ânimo! Eu venci o mundo" (JOÃO 16:33).

ORAÇÃO: Deus, dá-me forças para enfrentar as dificuldades desta vida!

84

NÃO IMITE A CONDUTA DOS ÍMPIOS

Não fique de tocaia, como faz o ímpio, contra a casa do justo, e não destrua o seu local de repouso, pois ainda que o justo caia sete vezes, tornará a erguer-se, mas os ímpios são arrastados pela calamidade. **(PROVÉRBIOS 24:15-16)**

O provérbio citado fala daquele que fica de tocaia e arma emboscada a fim de pegar pessoas justas. Sua atitude ímpia é cheia de astúcia, perversidade e maldade. Mas suas intenções não terão êxito contra os justos. Pois os justos são guardados pelo Senhor, mesmo quando estão dormindo. Ainda que o justo caia, Deus o levantará. Mas para o ímpio está reservada a destruição total. Não podemos imitar o ímpio, mesmo no calor da função. A perversidade e a maldade jamais devem sujar nossas mãos. Nossa missão é fazer o bem. Agindo com bondade, justiça e lealdade, gozaremos as bênçãos e a proteção do Senhor.

ORAÇÃO: Senhor, livra-me de imitar a conduta dos ímpios!

85

HUMILDADE SEMPRE

Não se engrandeça na presença do rei, e não reivindique lugar entre os homens importantes; é melhor que o rei lhe diga: "Suba para cá!", do que ter que humilhá-lo diante de uma autoridade. **(PROVÉRBIOS 25:6-7)**

Como é tolo o militar que busca engrandecer-se diante de uma autoridade. Ele elogia a si mesmo, conta vantagens e pensa ser melhor que seus colegas. Quem assim procede acaba humilhado publicamente. Nem mesmo percebe que a autoridade pode dar preferência e honra a outro em seu lugar. O tolo é arrogante, orgulhoso, soberbo e não entende que a sua altivez precede sua queda. O segredo para sermos honrados diante de uma autoridade é manter sempre a humildade e a discrição. Se quisermos ser aprovados, devemos nos humilhar e deixar que Deus nos exalte. Pois, o Senhor "concede graça aos humildes" (PROVÉRBIOS 3:34).

ORAÇÃO: Senhor, ensina-me a ser humilde de coração!

86

NÃO SE IGUALE AO INSENSATO

Não responda ao insensato com igual insensatez, do contrário você se igualará a ele. **(PROVÉRBIOS 26:4)**

No hebraico, língua em que foi escrito o livro de Provérbios, o significado de insensato é: tolo, estúpido, estulto e arrogante. O simples fato de responder ao insensato da mesma maneira pode nos igualar a ele. Nas missões confiadas a nós é comum nos depararmos com pessoas que agem com estupidez e arrogância. Devemos compreender que essas atitudes insensatas podem ser causas de estresse emocional, em virtude de situações adversas. Sem a ajuda de Deus, nossa tendência será de reagir de igual forma, com insensatez e tolice. Mas, se o Espírito Santo nos controlar, teremos domínio próprio; agiremos com sabedoria e cumpriremos bem nossa missão. Sempre que um insensato nos provocar, busquemos em Deus a força para não responder da mesma maneira.

ORAÇÃO: Deus, ajuda-me a não me igualar aos insensatos!

87

ABANDONE A INSENSATEZ

Como o cão volta ao seu vômito, assim o insensato repete a sua insensatez. **(PROVÉRBIOS 26:11)**

A ideia do texto bíblico é de uma pessoa insensata sendo reincidente em suas práticas. A comparação é feita com o cão que volta ao seu vômito. O animal irracional torna a comer o que seu estômago expulsou. Sua atitude é repulsiva e nos causa enjoo. Assim é o insensato que repete a sua insensatez. O tolo age com insensatez e sofre as consequências, mesmo assim, volta e faz tudo de novo. Não podemos ser insensatos, porém temos de nos arrepender dos nossos pecados, confessá-los e abandoná-los. Esse é o caminho da redenção e da paz com Deus. Jesus não veio chamar justos, mas pecadores ao arrependimento (LUCAS 5:32). Creia em Jesus! Arrependa-se! Não volte ao seu vômito!

ORAÇÃO: Deus, perdoa os meus pecados e ajuda-me a abandoná-los completamente!

88

NÃO ESPALHE CALÚNIAS

Sem lenha a fogueira se apaga; sem o caluniador morre a contenda. **(PROVÉRBIOS 26:20)**

Assim como uma pequena faísca pode dar início a um grande incêndio, uma pequena calúnia pode causar grandes prejuízos. A ilustração da fogueira é bem pertinente. Se não alimentarmos a fogueira com lenha, ela se apaga. Da mesma forma, a contenda morre quando não é alimentada pelas injúrias e fofocas do caluniador. O caluniador é amigo de brigas, suas palavras atiçam discórdias. Em nossos círculos de relacionamentos sempre surgem comentários sobre os colegas de trabalho, principalmente sobre os que estão ausentes. Devemos zelar para que da nossa boca saiam apenas comentários edificantes que exaltem as virtudes dos outros. Tome cuidado para não ser um caluniador! Vamos prevenir e combater esse "incêndio" em nossos quartéis!

ORAÇÃO: Senhor, ajuda-me a falar somente o que edifica àqueles que me ouvem!

89

CUIDADO COM A CONVERSA MANSA

Como uma camada de esmalte sobre um vaso de barro, os lábios amistosos podem ocultar um coração mau. Quem odeia, disfarça as suas intenções com os lábios, mas no coração abriga a falsidade. Embora a sua conversa seja mansa, não acredite nele, pois o seu coração está cheio de maldade. Ele pode fingir e esconder o seu ódio, mas a sua maldade será exposta em público. **(PROVÉRBIOS 26:23-26)**

Por vezes, nos deparamos com colegas que denigrem a imagem de outros. O mais intrigante é que a "conversa mansa" desses colegas revela grande hipocrisia. Na frente de suas vítimas, são dóceis e cordatos, mas por trás destilam o ódio, a inveja e a falsidade. A maldade dessas pessoas fica tão profunda no coração que pode passar despercebida. Devemos identificar e confrontar o hipócrita para que abandone sua maldade. Deus quer que nossos relacionamentos sejam caracterizados pela sinceridade, amor e paz.

ORAÇÃO: Deus, afasta a maldade e a hipocrisia do nosso meio!

90

TOME CUIDADO COM A LÍNGUA MENTIROSA

A língua mentirosa odeia aqueles a quem fere, e a boca lisonjeira provoca a ruína.
(PROVÉRBIOS 26:28)

As palavras que saem da nossa boca podem ser abençoadoras e produzir vida, ou amaldiçoadoras e provocar a morte. A língua mentirosa destila ódio e provoca dor. Quem já sofreu calúnias, insultos e falsas acusações conhece o seu veneno. Da mesma forma, a boca lisonjeira pode provocar tanto mal quanto a mentirosa. Quando alguém recebe falsos elogios pode construir uma imagem errada de si mesmo e acabar na ruína. Devemos tomar cuidado com aqueles que têm a língua mentirosa e a boca lisonjeira. E devemos cuidar também para que nossas palavras sejam sempre verdadeiras e amorosas. Assim seremos mais semelhantes a Jesus que "não cometeu pecado algum, e nenhum engano foi encontrado em sua boca" (1 PEDRO 2:22).

ORAÇÃO: Deus, ajuda-me guardar a minha língua do mal! Que da minha boca procedam bênçãos, e não maldições!

91

NÃO FALE BEM DE SI MESMO

Que outros façam elogios a você, não a sua própria boca; outras pessoas, não os seus próprios lábios. **(PROVÉRBIOS 27:2)**

Da mesma forma como os frutos revelam a árvore, as palavras que saem dos lábios revelam o coração. Aqueles que gostam de exaltar-se vivem contando vantagens, pois possuem um coração cheio de orgulho e soberba. São pessoas inconvenientes, falastronas, presunçosas e encrenqueiras. Logo desconfiamos se o que dizem é verdadeiro. Por outro lado, quando ouvimos terceiros elogiando uma determinada pessoa damos mais crédito. Afinal, a boa reputação e o bom nome não são fáceis de serem conquistados. O conselho bíblico é muito prático: não fale bem de si mesmo. Precisamos tratar do próprio coração, torná-lo mais humilde, mais semelhante a Jesus. Deixemos que os lábios dos outros nos elogiem, não os nossos próprios.

ORAÇÃO: Senhor, dá-me sabedoria e humildade para eu não exaltar a mim mesmo!

92

FAÇA DO SEU LAR O MELHOR LUGAR PARA SE ESTAR

*Como a ave que vagueia longe do ninho,
assim é o homem que vagueia longe
do lar.* **(PROVÉRBIOS 27:8)**

A ideia do texto bíblico é de uma ave que deveria cuidar dos filhotes, mas voa para longe do ninho, deixando-os desprotegidos. O rei Salomão compara o voo errante da ave ao homem ausente, "que vagueia longe do lar". As ocupações do serviço e as horas extras, que visam complementar a renda, têm levado muitos a sacrificarem o convívio com a família. Em meio a essa correria, surge o estresse e o desejo por um tempo de descanso. Assim, em vez de desfrutarem do aconchego do lar, muitos vagueiam por lugares impróprios. Deus quer fazer de cada lar o lugar ideal para o repouso, repleto de paz e tranquilidade. Se você crer no Senhor Jesus Cristo, Ele poderá salvar você e a sua família. Com a presença de Deus no lar, sua casa torna-se o melhor lugar para se estar.

ORAÇÃO: Senhor, entrego meu lar
em Tuas mãos. Faz da minha casa um lugar
de perfeita paz e harmonia!

93

TENHA MAIS PRUDÊNCIA

*O prudente percebe o perigo e busca refúgio,
o inexperiente segue adiante e sofre as
consequências.* **(PROVÉRBIOS 27:12)**

O juramento da dedicação integral ao serviço, mesmo com o sacrifício da própria vida, é uma expressão da honra do militar brasileiro. Servir à Pátria enche-nos de orgulho e coragem para o cumprimento do nosso dever. No desempenho de nossas funções, é comum nos depararmos com situações inusitadas e altamente perigosas. Mesmo estando bem-preparados para o enfretamento dessas situações, não podemos abrir mão da prudência. É nosso dever zelar por nossa própria segurança. Estando de serviço, ou não, a prudência será sempre bem-vinda. Ao perceber a presença do mal, o prudente dá meia volta e busca refúgio. Essa é uma virtude que pode salvar vidas e bens, permitindo que o militar volte para casa em segurança.

ORAÇÃO: Deus, tu és o meu escudo, a minha fortaleza e o meu refúgio! Rogo por Tua divina proteção em mais um dia!

94

TRATE BEM O SEU SUPERIOR

Quem cuida de uma figueira comerá do seu fruto, e quem trata bem o seu senhor receberá tratamento de honra. **(PROVÉRBIOS 27:18)**

No processo de plantio e colheita, enfrentamos algumas etapas: preparação do solo, escolha da semente, cuidado com a planta e a espera pelo fruto. Diante do frio, calor, sol ou chuva, o trabalhador mantém a esperança na alegria da colheita. Assim acontece com quem trata bem as pessoas, na hora certa os frutos serão colhidos. Mesmo quando lidamos com superiores hierárquicos difíceis, de poucos amigos e antipáticos, devemos respeitar e honrar a autoridade que exercem. Isso significa que precisamos tratá-los muito bem. A continência, a obediência pronta, a lealdade e a colaboração espontânea devem caracterizar o relacionamento com nossos superiores. Como resultado, seremos tratados da mesma forma: de maneira honrosa.

ORAÇÃO: Senhor, ajuda-me a tratar bem a todos, inclusive àqueles que exercem autoridade sobre mim!

95

SEJA UM LÍDER SÁBIO

Os pecados de uma nação fazem mudar sempre os seus governantes, mas a ordem se mantém com um líder sábio e sensato. **(PROVÉRBIOS 28:2)**

Quando um time não vai bem em um campeonato, logo se fala em mudança de técnico. Porém, mais importante que mudar o técnico é mudar o tipo de liderança. O provérbio exalta o valor de um bom líder. Embora fale de uma nação, em contextos menores, a má liderança também promove o caos e a desordem. Na família, em uma unidade militar ou em uma pequena guarnição, precisamos de líderes capazes, sábios e sensatos. É impossível falarmos de liderança sem falarmos de Jesus. O modelo de liderança servidora que Ele deixou é capaz de manter a ordem e assegurar o progresso. Cristo nos ensina que o líder sábio é aquele que age com justiça, abnegação e amor. Que vai à frente, que se sacrifica, socorre, protege e serve aos outros humildemente.

ORAÇÃO: Deus, não me deixes perder o foco de ser cada vez mais parecido com Jesus!

96

NÃO SE DEIXE CORROMPER

Quem leva o homem direito pelo mau caminho cairá ele mesmo na armadilha que preparou. Mas o que não se deixa corromper terá boa recompensa. **(PROVÉRBIOS 28:10)**

Quanta coisa se passa na mente dos nossos colegas no ambiente do quartel, em uma viatura ou nas mais diversas missões. A vida militar oferece riscos. Todos nós estamos sujeitos a cair em armadilhas preparadas por pessoas inclinadas a desencaminharem outras. Diante de uma armadilha existe sempre um agente, isto é, a parte ativa. A ideia de armar ciladas para os outros caírem tem suas consequências. No fim, o armador cairá em sua própria cilada. Por outro lado, quem não se deixa corromper, escapará da armadilha e receberá uma boa recompensa. A integridade, o caráter e o bom nome valem mais do que as promessas sedutoras deste mundo. "Não se deixem vencer pelo mal, mas vençam o mal com o bem" (ROMANOS 12:21).

ORAÇÃO: Senhor, livra-me das armadilhas do mal e da corrupção que me rodeia!

97

SEJA ÍNTEGRO E VIVA COM SEGURANÇA

*Quem procede com integridade viverá seguro,
mas quem procede com perversidade de repente
cairá.* **(PROVÉRBIOS 28:18)**

A falta de integridade é como um câncer na sociedade. Ela alastra-se rapidamente, corrompendo e destruindo a ética, a justiça e a moral. A integridade pode ser definida como a qualidade de alguém íntegro, de conduta honrada, reta e aprovada. Quem assim procede revela pureza de alma e não teme nenhum tipo de acusação. Por isso, o íntegro vive seguro, firme, inabalável e confiante. Por outro lado, a falta de integridade, leva à perversidade, à insegurança e à destruição repentina. Infelizmente, não são poucos os casos de colegas que caem em armadilhas, ou que se corrompem, por falta de integridade. Para vencermos esse mal precisamos de Cristo. Ele é o único que pode nos dar um coração puro e reto, que teme a Deus e se afasta do mal.

ORAÇÃO: Cria em mim, Senhor,
um coração puro, íntegro e reto!

98

NÃO AJA COM PARCILIDADE

Agir com parcialidade não é bom; pois até por um pedaço de pão o homem se dispõe a fazer o mal. **(PROVÉRBIOS 28:21)**

Agir com parcialidade é romper com a razão e comungar com a injustiça. A tradução do termo "fazer o mal" do hebraico para o português pode ser definida em uma palavra: prevaricação. A prevaricação é um crime praticado especificamente por funcionário público contra a Administração Pública. Consiste em retardar, deixar de praticar ou praticar indevidamente ato de ofício. Ou ainda, praticá-lo contra disposição expressa de lei, para satisfazer interesse ou sentimento pessoal. O autor alerta para a facilidade de alguém prevaricar, ou "fazer o mal", em troca de qualquer coisa. No desempenho de nossas funções, devemos ser imparciais e agir sempre com retidão, justiça e bondade. Que o Senhor nos ajude e nos capacite.

> **ORAÇÃO**: Deus, livra-me de agir
> com parcialidade em toda
> e qualquer circunstância!

99

NÃO SEJA GANANCIOSO

O ganancioso provoca brigas, mas quem confia no SENHOR prosperará. **(PROVÉRBIOS 28:25)**

A ganância entrou no mundo no princípio da humanidade. Adão e Eva podiam comer livremente de todas as árvores frutíferas, mas cobiçaram e comeram o único fruto proibido. A falta de confiança em Deus os levou ao pecado. As consequências desse mal permanecem até hoje entre nós: inimizade com Deus, brigas, sofrimento, dor, violência e morte. A ganância e a cobiça são irmãs gêmeas. Por isso, o último mandamento condena toda espécie de cobiça (ÊXODO 20:17). O ganancioso é inconsequente, deseja sempre mais e confia nas riquezas. Mas quem confia em Deus ignora a ganância e a cobiça, e aprende a contentar-se com o que tem. Com pouco ou com muito, sua vida é simples, abençoada e próspera. É melhor confiar em Deus do que ser ganancioso, "pois, que adianta ao homem ganhar o mundo inteiro e perder a sua alma?" (MARCOS 8:36)

ORAÇÃO: Deus, livra-me de toda espécie de cobiça e da ganância!

100

NÃO INSISTA NO ERRO

Quem insiste no erro depois de muita repreensão, será destruído, sem aviso e irremediavelmente. **(PROVÉRBIOS 29:1)**

Quantas vezes caímos até aprender a andar? De fato, errar faz parte da nossa natureza, mas nem por isso podemos nos acomodar. Errar pode ser humano, mas permanecer no erro é tolice. Quando iniciamos nossa carreira militar, recebemos uma Ficha Disciplinar limpa e devemos zelar por mantê-la assim. Infelizmente, nem todos conseguem. Uma punição pode ser constrangedora e abalar nosso emocional, mas ainda há esperança. Não se esqueça de que a correção de atitudes é uma manifestação essencial da disciplina. O perigo consiste na insistência no erro. A Ficha vai se tornando cada vez mais suja e, por fim, o militar poderá ser excluído a bem da disciplina. Em todas as áreas da vida, vale a pena acatar a repreensão com humildade. O sábio abandona o erro e busca mudanças.

ORAÇÃO: Senhor, dá-me serenidade para abandonar os erros e mudar minhas atitudes!

101

DEFENDA OS DESAMPARADOS

Erga a voz em favor dos que não podem defender-se, seja o defensor de todos os desamparados. **(PROVÉRBIOS 31:8)**

Em nossas campanhas e missões sempre encontraremos pessoas desamparadas, sofrendo injustiças: um mendigo faminto, uma criança abandonada, uma mocinha ameaçada ou até mesmo um colega perseguido. Enquanto muitos ignoram os desamparados, Deus nos chama para defendê-los. O mundo precisa de pessoas dispostas a fazer o bem a todos, sobretudo aos esquecidos, indefesos e desamparados. Quando ajudamos àqueles que não têm como nos retribuir, revelamos um coração nobre, bondoso e altruísta. Essa postura deve ser dispensada a todos, mesmo àqueles que não são nossos amigos. Dessa maneira, Deus se alegrará com nossas ações e nos tornaremos mais semelhantes a Jesus.

ORAÇÃO: Senhor, rogo por todos os desamparados deste mundo: que os seus sofrimentos sejam aliviados neste dia!

SOBRE OS AUTORES

HEBER GONÇALVES CUNHA

É pastor da Segunda Igreja Batista em Cambuci, RJ. Possui Mestrado em Ministério pelo Seminário Bíblico Palavra da Vida. Casado com Marília e pai de Hebert, Misael e Higor. É Subtenente do Corpo de Bombeiros Militar do Estado do Rio de Janeiro desde 2000. É coautor do livro *101 Conselhos para Caminhoneiros*, publicado por Publicações Pão Diário.

Apoia e Coordena o *Projeto Bíblia na Estrada*.

Contato: pastorhebercunha@yahoo.com.br

JONATHAS DE LIMA

É pastor da Igreja Batista da Família em Barreiras, BA. Possui Mestrado em Ministério pelo Seminário Bíblico Palavra da Vida. Casado com Eliane e pai de Sara. É 3º Sargento RNR da Polícia Militar do Estado de São Paulo. Coautor do livro *101 Conselhos para Caminhoneiros*, publicado por Publicações Pão Diário. Trabalhou como caminhoneiro e preside o *Projeto Bíblia na Estrada*. Com seu motorhome, pretende viajar pelas estradas do Brasil levando o evangelho de Jesus Cristo àqueles que ganham a vida sobre rodas.

Contato: jonathasbarreiras@oi.com.br

NOTAS

NOTAS

NOTAS